劇場型

営業

児玉正浩

はじめに

「何度も何度も足を運んでいるのに受注できない」
「商品の説明は完璧なのに、考えますと言われてしまう」

そんな悩みを抱える営業マンは多いものです。

営業成績が伸び悩む背景にあるのは、買い手の減少です。厚生労働省の調査によると、戦後から一貫して伸び続けてきた日本の人口は、2008年の1億2808万人をピークに減少を続けています。国立社会保障・人口問題研究所「日本の将来推計人口（平成21年1月推計）」によると、2048年には1億人を割り込み、2060年に8674万人になるという推計です。つまり今後も買い手は減り続けていくことが予想されます。

人口減少により買い手が少なくなると、内需は縮小します。その結果、もたらされるのは熾烈《しれつ》な市場競争です。減少していくわずかなパイを、それぞれが奪い合わなければならない――それが営業マンが直面している現状なのです。

また、取り扱う商品が複雑化していることも、営業マンたちを苦しめています。たとえば、保険の営業マンが取り扱う保険商品。死亡保険にはじまり、医療保険、がん保険、損害保険、学資保険、個人年金保険や変額保険など、その種類は多種多様です。複雑化する商品に対し、顧客ごとに最適な提案をしなければなりません。保険営業は入社後3年以内に9割の人が退職するといわれていますが、それも無理からぬことでしょう。

さらに、人々のニーズが多様化していることも、商品を売りにくい原因となっています。年功序列・終身雇用の時代と比べて不確実性の高い現代にあって、顧客は将来に対する見通しを立てにくいものです。顧客それぞれの状況――職業や家族構成、ライフプラン、趣味や嗜好まで――を考慮したうえで相手のニーズを察知し、最適な提案をしなければ選ばれません。もはや〝いい商品をつくれば自《おの》ずと売れる〟時代ではないのです。

一方で、そのような厳しい状況にもかかわらず、営業成績を伸ばしている人は確かに存在します。彼らはいったいなぜ、成果を上げ続けることができるのでしょうか。

私は大学卒業後、大正海上火災保険株式会社（現・三井住友海上火災保険株式会社）に入社し、20カ月連続で営業成績トップを記録しました。24歳で独立し、2年後の１９８７年に有限会社オールライフ保険を、１９９９年に生命保険を取り扱う有限会社ベネフレックスを設立。２００２年、両社の株式化を経て代表取締役に就任しています。ファイナンシャルプランナー、リスクマネジメント協会認定資格、子育て保険アドバイザーなど数々の資格を保有しながら、保険のトップセールスの証であるＭＤＲＴ終身会員、ＴＯＴの称号を取得。30余年、契約できなかった日は1日もありません。

このようなキャリアの中で確信しているのは、営業において重要なのはただ一つ、〝顧客の心に寄り添う〟ということです。そのために私が磨き上げたのが、本書で詳しく語る

「セルフ・ブランディング」「プレゼンテーション」「クロージング&フォロー」の技術です。これらを実践すれば、疑心暗鬼の見込み客も、商談後に熱狂的ファンになります。

私の営業スタイルは、たとえれば舞台役者に似ています。観客の興味を惹くパーソナルブランドを持ち、相手が望むタイミングに、欲しいリアクションをとる。終演は優雅に、相手の印象に残るように去る……まるで舞台のように顧客を魅了し契約を取る私のスタイルを、周囲の人々は「劇場型営業」と呼んでいます。

私の技術のすべてを明かした本書が、悩める営業マンの役に立つならば、著者としてこれに勝る喜びはありません。

劇場型営業　目次

はじめに　3

［第1章］自分流のやり方で結果が出ない
売れない時代に苦しむ営業マンたち

営業マンの数字に圧倒的な差がつく現状　14
売れない営業マンの特徴　18
営業マンとは、商品を〝届ける〟仕事　22
〝届け方〟で他人に差をつけなければ勝てない！　26
人はどんなときにモノを買うか？　30
成績を伸ばすカギは〝人の心を動かすこと〟にあり　34

［第2章］　見込み客を熱狂的ファンに変える！

超ドラマチックな「劇場型営業」とは？

最強の営業手法「劇場型営業」とは？　40

「営業プロセス」のキホン　45

流れをつかみ「顧客の心」を強く動かせ！　49

「劇場型営業」3つのポイント　52

「守破離」の精神で技術を学べ！　56

［第3章］　初回アポで運命を感じさせる

劇場型セルフ・ブランディング

セルフ・ブランディングは「舞台における役づくり」　62

自分の持つ「原則と戦略」が「パーソナルブランド」になる　65

「使命感」を持ち、それを伝えろ！　70

負の感情を捨て「心地よい空気」をまとえ！　74
自分自身も商談を楽しみ、「共感性」を高めろ！　77
「親密な関係」を築く技術　81
「顧客満足」を追求し続ける姿勢を貫け！　86
自分の「流儀」を確立し、継続しろ！　90
顧客にどう「アプローチ」するか？　93

［第4章］顧客の悩める心にアプローチする
劇場型プレゼンテーション

プレゼンテーションは「演技」に似ている　100
顧客はどんな「プレゼン」を求めているのか？　103
「年齢や性別」によって話し方を変えろ！　107
「商品を売ろうとする」のは大間違い！　110
「保険営業におけるプレゼンテーション」の実際　116

顧客のニーズを「ロジカル」に分析せよ！　119
「情熱的なプレゼンテーション」で聞き手を魅了しろ！　123

［第5章］最大2回の商談で契約、リピーターへ
劇場型クロージング&フォロー

魅力的な舞台は「終わり方」が美しいもの　128
「リピーター」を獲得する極意とは？　132
顧客は「心理的」に満足したとき、契約に至る　136
流れをつくり、あくまで「自然」にクロージングする　140
契約後の「顧客フォロー」の秘訣　144

［第6章］顧客の心に寄り添えば、数字は後からついてくる
劇場型営業マンに売れないものはない

売りたい気持ちはやまやまだけど……　150

「自分の人間力」を磨け！　153
顧客インタビュー《Aさん（28歳・女性）》　158
顧客インタビュー《Bさんご夫婦（夫37歳・妻42歳）》　164
顧客インタビュー《Cさん（49歳・女性）》　170
顧客インタビュー《Dさん（20代・女性）》　175
顧客インタビュー《Eさんご夫婦（夫・妻ともに30代）》　179
「営業」としての使命　184

おわりに　188

［第1章］

自分流のやり方で結果が出ない売れない時代に苦しむ営業マンたち

営業マンの数字に圧倒的な差がつく現状

現在、営業マンの数字に差がつきやすい状況が生じています。その背景には、どのような理由があるのでしょうか。

ご存知の通り、日本では人口が減少し続けています。

総務省が発表している資料によると、2008年にピークを迎えた総人口は、2010年に1億2708万人、2015年に1億2520万人と徐々に減少しています。

さらに2030年には1億1662万人、2050年に1億人を割って9708万人、2060年には8674万人にまで減少すると見込まれているのです。

生産年齢人口（15歳～64歳の人口）についても同様です。

1995年にピークを迎えた日本の生産年齢人口は、2010年に8103万人、2015年に7592万人と、少しずつ少なくなっています。

そして、2030年には6773万人となり、2050年にはなんと5001万人まで

日本の人口の推移

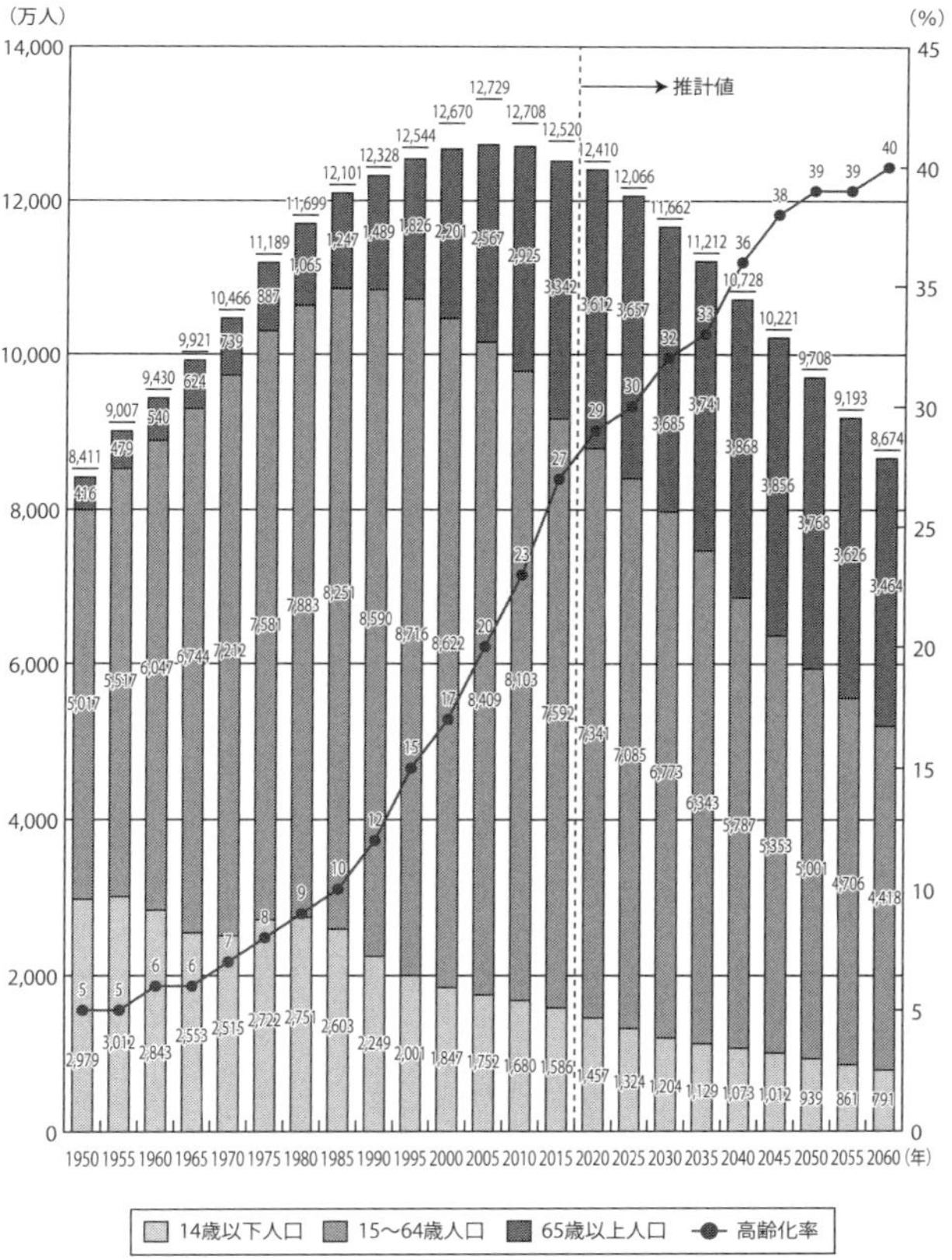

【出典】総務省ホームページより

減少すると推計されているのです。

このままでは、戦後間もない頃の水準にまで落ち込むことになりかねません。

では、日本の経済状況についてはどうでしょうか。

経済に関しても少しずつ明るい兆しは見え始めているものの、人口減少に歯止めがかからない以上、先行きは不透明です。少なくとも、高度成長期のような好景気が訪れるとは考えられません。

むしろ、人口減少と共に、段階的に縮小していくと考えるのが自然です。経済を支えるのは人であり、国単位で考えれば人口です。人口が減り続ければマンパワーが減り、さらには経済も成長しません。

さて、こうした背景を受けて、営業マンの競争環境はどうなっているでしょうか。

とくに私が営業職に従事している保険の業界は、肌感覚としても非常に離職率が高い傾向にあります。

やはり、毎月のように厳しいノルマが設定されていることに加えて、結果を残せなければ思うような給料が得られない仕組みだからでしょう。

保険会社にもよりますが、一定のランクを達成し続けていないと、その会社には残れないというような風潮があるのも事実です。つまり、成果を出し続ける人だけが生き残れる厳しい世界なのです。

また、保険営業の世界では、自《みずか》らお客様を探し出すのが基本です。会社が手取り足取りサポートしてくれるわけではありません。

そうなると、お客様を見つけられるかどうか、さらには契約を獲得できるかどうかは、営業マン個人のスキルにかかってきます。要するに、結果が出るかどうかはすべて〝自分次第〟ということになるわけです。

そのため、自分でお客様を見つけることができない人はもちろん、安定して結果を出し続けることができない営業マンは淘汰されざるを得ないのです。

これからはさらに、自分でお客様を獲得したり、紹介を受けたりできない人は、ノルマを達成できずに離脱していくことでしょう。人口が減り、さらに競争が激しくなれば、結果を出すことも難しくなります。

よく聞く話では、ここ10年ほどで増えている「保険ショップ」などに、フルコミッションで結果を出せなかった営業マンが集まってきているそうです。

しかし、保険の営業マンとして大いに活躍している人は、フルコミッションの世界でもきちんと結果を出しているものです。

その舞台から降りることなく、結果を出し続けられる人こそ、これからの社会でも活躍できる営業マンといえるでしょう。

売れない営業マンの特徴

では、売れる営業マンと売れない営業マンの違いは何なのでしょうか。

多くの営業マンは、高校や大学を卒業して就職し、そこで初めて営業職に従事することになります。実際の業務を通じて販売の方法やマーケティングの知識、さらにはお客様を探し出す方法などを少しずつ身につけていくわけです。

それまでの人生で、営業に必要な会話術や名刺の渡し方、傾聴のスキルなどを学ぶことはありません。ほとんどの人が、営業職に従事すると同時に、ゼロベースで仕事を学び始めるのです。

結果を出す営業マンは、正しい知識を得たうえで必要なスキルやマインドを身につけ、お客様に対して安心感を与えられるような人間性を獲得しています。

裏を返すと、そうした努力ができていない営業マンは、必然的に「売れない営業マン」にならざるを得ません。

会社の判断で営業に配属され、数字を求められているにもかかわらず成果を上げられず、やるべき努力もできていない。そのようにして3カ月、半年、1年と時間が経過していけば、離職に至るのも無理はありません。

求められる数字と現実の数字とのギャップに苦しみつつ、プレッシャーが日増しに大きくなる。その結果、いずれ辞めてしまう。営業マンの離職率が高くなるのも必然といえるかもしれません。

もちろん、相対的に考えて、営業職に就く人の割合がもともと多いということもあります。

文系の学校を卒業した新卒者の多くは、営業職に配属されるものです。そのなかで、本当にやるべきことを見出せず、気合いや根性で営業を乗り切ろうとしたら、やがて息切れしてしまうのも無理はありません。

必要なのは、やみくもに営業で結果を出そうとあがくことではありません。それでは精神が摩耗していくだけです。気合いや根性論ではなく、正しい方法論に則って行動していくことが、すべての営業マンに求められています。

正しい方法論とはどのようなものなのかをきちんと理解することができれば、営業で成果を上げられる人が増え、さらには離職率も下がるのではないでしょうか。

正しい営業の手法を学び、販売の極意を習得してから現場に出れば、誰にでも結果を出すことが可能となります。

営業マンは、お客様が抱えている不安と不信を解消できる存在でなければなりません。なぜなら、多くのお客様はそれらを持って私たちのもとを訪れるためです。

では、どうやって不安と不信を払拭すればいいのでしょうか。それにはいくつかのポイントがあります。

まず、私たち営業マン自身が自らの不安をなくしておくこと。とくにお金についての話が多い保険の営業マンであれば、自らのお金の問題を解決しておかなければなりません。そうしないと、説得力のある話はできないでしょう。

また、仕事への不安もなくしておくべきです。仕事への不安とはつまり、「このままこの仕事を続けていていいのだろうか?」という迷いであり、悩みです。それらを断ち切るために、今の職務を全《まっと》うする覚悟を持ちましょう。「辞めようか、どうしようか」という中途半端な態度は、お客様にもマイナスの印象として伝わってしまうものです。

さらに、健康であることも欠かせません。健康面に不安がある状態だと、熱心なお客様と長時間にわたって対話することはできません。ひっきりなしに質問してくる人などともきちんと対話を重ねていくためには、自らが健康である必要があるのです。

もう一つ付け加えるとしたら、家庭が円満であること。家庭内に何らかの問題を抱えていると、仕事にも支障をきたしてしまいます。とくにお客様のライフプランニングをする保険営業の場合、自分の家庭がハッピーでなければ、他者のサポートをするのは難しいでしょう。

このように、営業マンに求められるものはたくさんあります。売れない営業マンはこういった一つひとつの要素を軽んじており、売れる営業マンは細部にまで配慮が行き届いているものです。

営業マンとは、商品を〝届ける〟仕事

営業で結果を出せていない人というのは、やり方に問題があることに加えて、そもそも〝営業をやっていない〟可能性があります。

営業職に就いていながら営業をやっていないというと、不思議に思うかもしれません。ただ実際には、営業職に従事しているつもりでも、どのくらい営業活動をしているのかは人それぞれです。

そして当然のことながら、人より多く営業をしている人ほど、結果がついてきています。確率論的に結果が出やすいことに加えて、実践を重ねることで営業に必要なスキルやノウハウを学ぶことができるためです。

では、〝営業をやっている〟とは、具体的にどのような状況を指すのでしょうか。

営業をやるとはつまり、〝人に会うこと〟に他なりません。営業活動が人対人によって成り立っているように、人に会っていなければ営業をしているとはいえません。

なかには、「人に会うことだけが営業活動ではない」と考えている人もいるでしょう。たしかに最近では、ホームページやＳＮＳなど、出会いを演出するツールがたくさんあります。そういったツールを駆使することで、より効率的に営業活動を進めることはできるでしょう。

ただし、その根底に「人と会う」という営業の基本がなければなりません。

とくに私の扱う保険という商品は、普段の生活のなかで自然と出会えるものではありません。その前提として、背中を押してもらう何かが必要となります。

そのときに、人と会わないでどうやって背中を押せるというのでしょうか。たとえ理詰めで納得できたとしても、一歩を踏み出せない人は少なくありません。だからこそ、人に会うという前提が欠かせないのです。

私自身、これまで毎日のように、必ず誰かと会うようにしてきました。会うことによってヒアリングができたり、次につながるアクションができるようになります。もちろん、クロージングも同様です。

また、ただ会うだけではなく、可能性が高い面談（有効面談）をできるだけ増やす努力をすることで、契約数も自然と伸びていくものです。いずれにしてもそのベースとなるのが人と会うことであるのは間違いありません。

営業マンは、人と会うことによって初めて仕事をしたことになります。つまり営業をやっていないとは、単純に人に会っていないということです。

人に会うことなく、営業活動をすることはできません。「営業で成果を出せていなくて……」と悩む前に、まず、どれだけ人と会っているのかを確認してみてください。その数が、トップ営業マンと比較して明らかに少なければ、やるべきことは明確です。

忘れないでほしいのは、営業マンの仕事は商品を届けるということです。商品を届けるためには、その前段階となるアポイントやヒアリング、最終的なクロージングに至るまでのトークも必要です。

だからこそ、人と会っていない人は結果が出ません。ベースになる人と会う回数が少なければ少ないほど、結果も出なくなってしまいます。

必要最低限の数字をこなしていきながら、「自分は何のために営業をしているのか?」「何のために保険を扱っているのか?」という考え方を身につけていきましょう。

より具体的にいうと、「営業活動を通じてどのような結果をつくりたいのか?」「世の中や業界、さらにはお客様に対してどんな貢献をしたいのか?」「何のためにお客様を訪問しているのか?」を明確にすることが大切です。

基礎となる行動と、基礎となる考え方。言うなれば〝理念〟が備わって初めて、一人前の営業マンになることができます。

理念がなければただの〝モノ売り〟と変わりません。そうならないためにも、営業マンとしてモノを売るためには理念が不可欠です。理念がないところに結果は伴いません。理念があるからこそ、商品の価値を適切に理解してもらえるようになるわけです。

〝届け方〟で他人に差をつけなければ勝てない！

営業マンとして自らの実力を高め、周囲と差をつけるためには、〝届け方〟を工夫するといいでしょう。

むしろこれからは、自分なりの届け方を確立することができなければ、他の営業マンと差をつけることはできません。実力が同じレベルか、あるいは下回ってしまえば、やがて淘汰されてしまうのは必定《ひつじょう》です。

では、差をつけるために必要な届け方とは、どのようなものなのでしょうか。消費者の購買シーンをイメージしながら考えてみましょう。

普通、一般の消費者というのは、高額な商品を購入したときほど「買わなければよかったのではないか？」と考えるものです。「買ってよかったのか？」「失敗したのではないか？」と不安になるわけです。

たとえば、車を購入したときのことを考えてみてください。５００万円ぐらいの高級車を購入したとき、金額が金額だけに、多くの人は「本当にいい買い物をできたのだろうか?」と考えるはずです。

そしてそのような考えは、何度か浮かんできます。別のいい方をすれば、購入前の気持ちに戻ることが何度かあるということです。

そのようにしてお客様の気持ちが戻ったときに、精神的な支えとなるのが営業マンの言葉です。存在価値や価格の意味、つくられた背景、ブランドなど、さまざまな視点から届けた情報が、お客様の中に残ります。

優秀な営業マンの言葉は、お客様の心に残り続けるため、気持ちが戻りかけたときでも「やっぱり自分はこれを買ってよかったんだ」と思わせてくれます。それが結果的に、お客様の満足感につながるわけです。

たとえば購入後、お客様の夫婦のどちらかに「本当によかったの?」という疑問が生じたとしても、「営業マンはこう言っていた」「それを自分は正しいと思う」と、お互いを納得させられる材料が残り続けるのです。

商品をお届けしたあと、その商品がしっかりとお客様の中にとどまり続けるかどうか。それを左右するのは、営業マンのスキルに他なりません。

とくに保険の場合は、非常に長く保有する商品となります。もちろん商品の内容にもよりますが、買い替えをすることはお客様にとってプラスにはなりません。できるだけ若く健康なうちに買っていただくことで、よりお得になる商品です。

そうすると、私たち営業マンの使命は、保険商品をお届けした段階から最後まで持ち続けていただくことになります。

もちろん、プレゼンの内容や言葉だけでそれが伝わるとは限りません。付加価値となる営業マンの人間性もまた、より長く保有してもらうための条件です。

人間性というのは、保険の仕事を一生、本気で続けていく覚悟のこと。また、そのことをきちんとお客様に伝えることも大切です。覚悟と宣言は、営業マンの人間性を形成する基本となります。

そして、いつも明るくさわやかな雰囲気で接しつつ、いつでも会えるという環境を構築すること。さらにいえば、会いやすい状況をつくれているかどうかが、人間性につながります。

こうした営業マンとしての人間性を醸成するための「セルフ・プランニング」について

は、第2章以降でも詳しく解説していきます。いずれにしても、それが営業マンの付加価値になるということを忘れないようにしてください。

それらすべてを含めた付加価値が、営業マンの届け方に差をつけることになり、結果を出せる営業マンになるためのきっかけとなります。届け方が適切かどうかは、その人が持っている雰囲気に表れます。

少なくとも、イライラや不安などの負の感情を抱いたままで、商品を正しく届けることはできないのです。根性論がよくない理由はそこにあります。

時代と共に、営業手法そのものが今、変わってきています。

たとえば、かつてはお客様のもとを直接訪問する「飛び込み訪問」が主流でしたが、現在では紹介営業やテレマーケティング、さらにはリーズなどの新しい手法が主流になってきています。

時代の流れに合わせて、適切な届け方を選択するようにしましょう。

ちなみに私はセミナーに力を入れています。その理由は、普段の商談ではお話しできない部分について、じっくりと理解してもらうためです。セミナーを活用したお客様のフォローを展開すれば、次の契約や紹介につながることも少なくありません。

こうした手法はあくまでも一例ですが、自分が取り扱っている商材に合う方法を考案し、日々、届け方を工夫していきましょう。

人はどんなときにモノを買うか?

ここで根本に立ち返って「人はどんなときにモノを買うのか?」について掘り下げてみましょう。

たとえば、ここに一本のボールペンがあったとします。このボールペンを売る営業マンになったつもりで、どのような会話が展開されるのか想像してみてください。

おおむね、次のような流れとなるでしょう。

営業マン「どのような用途を想定されていますか?」
客「仕事柄、文字を書くことが多くて……」
営業マン「職業的に長い時間、書かれるのですね。書き味の悪いボールペンですと腱鞘《けんしょう》炎《えん》になったり、筆まめができたりしますし、何よりすぐ疲れてしまいます」

客「そうでしょうね」

営業マン「ボールペンの歴史を紐解《ひもと》くと、より疲れにくい形状へと少しずつ進化を遂げています。たとえば現状では、次のような種類のボールペンがあります」

客「なるほど。詳しく教えてください」

この過程で重要なのは、すぐに商品を出していないということです。きちんとお客様が引き込まれるトークの流れを意識して、会話を組み立てているのがわかります。こうした会話の組み立てにこそ、人がモノを買うという行為のヒントが詰まっています。

お客様に対し、いきなり「どんなボールペンをご所望ですか？」と聞いても、購買意欲は増しません。それではより高価なものを買ってもらうことはできないでしょう。

だからこそ、購買意欲の前提となる「悩み」や「必要性」を喚起し、お客様の心を開いていく必要があるのです。会話の中で、お客様の心を引き込んでいくということです。

すぐに商品を出してしまう営業マンというのは、取り扱っている商品に自信がないか、あるいは自らのトークに自信がないのではないでしょうか。だからこそ、すぐに商品を提示しようと慌ててしまうのです。

そのような行動は、お客様にも見透かされます。誰しも、自信がない人から商品を購入したいとは思いません。自信がないということは、何らかの後ろめたさが隠されていると考えられるためです。

そのため、商品を提示して反応を見るのではなく、まずきちんとお客様の心を開くことに注力する必要があります。「なぜ必要なのか?」「どうすればいい商品が手に入るのか?」などの情報を提供していくのです。

同じボールペンでも、お客様ごとに好みがあるものです。たとえば、じっくり字を書きたい人もいれば、たくさんの文字を短時間で書きたいという人もいるでしょう。そのような情報は、会話の中に散りばめられているはずです。

保険のように複雑な商品ともなればなおさらです。ほとんどのお客様は、どのような商品があるのか、どのような商品を購入すればいいのかを知りません。適切な情報を適切なタイミングで提供することが、最終的な購売行動につながります。

保険の必要性について、十分に理解している人もいればそうでない人もいます。その度合いは人によって異なるものの、そこに至るまでに必要な情報はそれほど違いがないものです。

大切なのは、わからないことをできるだけなくし、それとなく必要性に気づかせてあげることです。どんなに複雑な情報でも、理屈を整理することによって誰もがゴールへと到着できるようになります。

つまり営業マンが行うべきなのは、人がどんなときにモノを買うのかを熟知し、そこに至るまでの交通整理をしてあげることなのです。

その過程でお客様に寄り添い、問題を把握し、優先順位をつけて一つずつ解決していくこと。「この商品を購入すればこうなります」ということを、それまでの流れと結果を含めて丁寧に説明していくこと。

商品を提示するのは、その後で十分なのです。

成績を伸ばすカギは〝人の心を動かすこと〟にあり

これまでの話からもわかるように、営業マンとして成果を伸ばすカギとなるのは、「人の心を動かすこと」に他なりません。

結果を出している営業マンは、人の心を動かすことに全力を尽くしています。人の心を動かすための知識、スキル、マインド、そして安心感を自ら醸成しながら、会話を通して顧客満足を実現していく。それが売れる営業マンのやっていることです。

もちろん、「売りたい！」という強い気持ちがあるのは皆同じです。「売りたいという気持ちを隠さなければ」と考える人もいるようですが、それは営業マンの原動力として欠かせません。

根本的な欲求である「他人に負けたくない」という気持ちは、結果に差をつけます。売れる営業マンは、総じて負けず嫌いなものです。

あえて「売りたい！」という気持ちを隠す必要はありません。それがお客様に伝わったとしても、それがピュアな感情であったり、自身の夢であったりすれば、お客様は応援してくれるものです。

事実、私は営業職に就いた22歳の頃から、お客様に対して「トップ営業マンであり続けたい」ということを伝えています。これまでトップの成績で、これからもトップを維持したいということを素直に伝えると、味方になってくれる方はたくさんいます。

もし、お客様に対して商品を売ることを後ろめたく感じている人がいたとすれば、それは商品がよくないものであるか、あるいはどこかでお客様を騙《だま》しているからでしょう。「自分は本当に最高の商品を売っているんだ」と思っているならば、一つひとつの言葉にも、手振りや身振りにも、自然と自信がみなぎるはずです。

お客様は営業マンの内面にある罪悪感を瞬時に察知し、「この人は売ることに対して悪いと思っているな」と感じ取ってしまうものです。それでは購買につながりません。

では、なぜ罪悪感が生じてしまうのでしょうか。

それは単純に商品の研究が足りていないからに他なりません。

そもそも、お客様のニーズに沿った商品を開発している以上、どんな商品でも優れた点があるはずです。もちろん、すべてのお客様にとって最適とは限りませんが、少なくとも適切なお客様は存在するはずです。

その商品を購入することによって、お客様はどのようなメリットを享受することができるのか。その商品があれば、どのような未来を実現することができるのか。自らの営業に罪悪感を抱く人は、そうしたことを深く考えていないのです。

もちろん、私が扱う保険を購入したお客様の中には、何らかの事情によって途中解約してしまう人もいます。ただ、たとえそうなったとしても、商品が優れていることに変わりはありません。わざわざ「やっぱり商品が悪いんだ」などと考える必要はないわけです。

最終的な決断は、お客様自身が行うものです。営業マンができるのは、そのきっかけをつくってあげることだけです。そして購入後も、できる限りお客様と共に歩んでいくという姿勢が求められます。

その仕事や職業に一生従事していこうという責任感と覚悟があれば、罪悪感など抱くことはありません。それらが営業マンのスタイルにも表れてくるということです。

責任感と覚悟があれば、自然体で「絶対にやります」「最後までやります」と言えるはずです。そのような姿勢がお客様にも伝わり、「信頼できる」「任せられる」という気持ちにつながっていくことになります。

［第2章］

見込み客を熱狂的ファンに変える！
超ドラマチックな
「劇場型営業」とは？

最強の営業手法「劇場型営業」とは？

ここで私が提案したいのは「劇場型営業」という営業手法です。

私は実際にこの劇場型営業によって、保険営業の世界でトップクラスの成績を収めてきました。

劇場型営業とは、自らつくり上げた舞台の上で、相手の心に寄り添いながら、見る者の心にドラマを起こすような営業のスタイルです。

たとえば、出会いのシーンから営業トーク、さらにはクロージングまでの流れがスムーズな営業マンというのは、圧倒的に質問力が高いものです。質問力が高いからこそ、お客様の心を読み解きながら、適切な流れで営業を進められます。

一方、未熟な営業マンのトークはどうでしょうか。お客様の反応をきちんと探ることができず、次から次へと質問をぶつけてしまうものです。その結果、お客様の心はどんどん閉じていきます。いうなれば、質問ではなく尋問のようになってしまっているのです。

どんな営業スタイルをとるかにかかわらず、重要なのはお客様が気持ちよく、心地よくなるような自然な会話を通じて必要な回答を引き出していくことです。

問題は、どのような流れで販売につながる情報を得るのかということ。それは、尋問のように質問を浴びせるのではなく、自らがコンサルタントになったようなイメージで対話を進めることで初めて実現できます。

保険の営業で考えてみましょう。

もしお客様に死亡保険を購入してもらいたいとしたら、死亡保険の成約に至るまでのストーリーを組み立てなければなりません。会話の中で自然と「死亡保険は絶対に必要なもの」と理解してもらう必要があるのです。

もちろん、保険にはさまざまな商品があります。「これだけのメニューがあります」と提示するだけでは、お客様は選ぶことができません。組み立てたストーリーの中で、少しずつ幅を狭めていく必要があります。

選ぶべきメニューの幅が狭まれば、お客様が自ら選ぶ余地が生まれてきます。「選択型決定」という言葉もあるように、最終的には、選べるような状態からお客様に決断していただくのがベストでしょう。

営業マンはそこに至る過程で、「事実」と「解釈」を繰り返し提示します。「事実はこうです」「その解釈はこうです」というように、ストーリーの中でプレゼンテーションを進めていきます。

たとえば、「あなたのご家族はこれぐらいの保険金額が必要ですよね」「それは、このような理由があるからです」というように、話の展開を進めていくのです。

ここでポイントとなるのは、最初のうちに広めの問いかけをし、徐々にその範囲を狭めていくことです。その過程で納得感を得られなければ、自分で選んでいるという気持ちにはなれません。重要なのは、お客様が自ら選べるまでの流れを構築することです。

つまり最初から「BよりもAの保険をオススメします」と言うのではなく、「Aの保険内容はこうです。一方、Bの保険内容はこうです。〇〇様の目指す未来のイメージに近いのは、どちらでしょうか」というように、お客様が自ら選択できる段階まで話を進めていくのです。

その過程で「オープン・クエスチョン」と「クローズド・クエスチョン」を盛り込んでいくのは基本中の基本です。広めの質問から徐々に選択肢を絞り込んでいき、クロージングまでの距離を詰めていくのです。

オープン・クエスチョンとは、制約を設けず、自由に回答させる質問のこと。クローズド・クエスチョンとは、「AかBか」のように、制約のある質問のことです。これらを組み合わせることで、会話にリズムが生まれてきます。

たとえばオープン・クエスチョンの場合、「現在の家計の状況はどのようになっていますか？」「この先、どのようなライフプランを想定されていますか？」などのように、答えはいろいろな方向に膨らんでいく可能性があります。

そのようなオープン・クエスチョンを行っていると、次の会話の糸口となるようなヒントが得られます。あとは、そのヒントをもとにして、自分が売りたいと考えている商品の方向へと導いていけばいいのです。

商材が生命保険や医療保険なのであれば、「ご主人が亡くなってしまった場合」「ご家族の誰かが病気になった場合」などをイメージしてもらえば、自然と話がお金の方向に向いていくものです。

あとは、会話の中で「保険による保障があったほうがいいと思いますか？　そうは思いませんか？」や、「保険の内容としてAとBがあった場合、どちらの保険がより望ましいと思いますか？」などのクローズド・クエスチョンを織り交ぜていけば、会話にリズムが生まれていきます。

少しテクニック的なことをいえば、クローズド・クエスチョンで相手の「イエス」を引き出すのは、営業マンとして必ず実践したい技術です。つまり、「イエス」か「ノー」かを選択させるときに、できるだけイエスを引き出しやすい質問をするのです。

たとえば、ライフプランニングを確認したうえで保険の必要性が確実にありそうだと判断したら、「これからの生活には保険があるとより安心ですね」と聞いてみる。すると、お客様は必ずといっていいほど「イエス」と答えます。

こうした小さなイエスを積み重ねていくと、お客様の中にイエスがどんどん積み重なっていき、決断へのトリガーになるのです。

さらに付け加えると、最初に簡単なお願いを聞き入れてもらったうえで、あとから本当のお願いをする「フット・イン・ザ・ドア・テクニック」や、難易度の高い要求を拒否させたあとに要求の段階を引き下げる「ドア・イン・ザ・フェイス・テクニック」なども有名です。

これらの手法はあくまでも一つのテクニックでしかありませんが、状況に応じて使い分けることによって、会話を有利に運ぶことが可能です。そのようにして会話の流れにストーリーをもたせていくのです。

ここでいうストーリーとは、購入までの一連の流れをイメージ化したものです。「この場合であればこういう展開を」「この場合であればこういうゴールを」などと、状況に応じて描けるようになれば、営業活動の軸が定まります。

ストーリーを描けていない人は、営業の全体像を描くことができず、結果的にその場しのぎのやりとりになってしまいます。

「営業プロセス」のキホン

ここで改めて、営業活動の基本となるプロセスについて確認しておきましょう。

先に営業活動の全体像を提示しておくと、基本は「アプローチ」「ヒアリング」「プレゼンテーション」「クロージング」の段階を経ることになります。

もちろん、これらの項目は時と場合によって前後する可能性があります。ヒアリングとアプローチが同時に行われることもあれば、プレゼンテーションの流れでヒアリングが行われることもあります。

そのため、「アプローチ」「ヒアリング」「プレゼンテーション」「クロージング」という流れはあくまでも一例としてとらえておいてください。

まず、電話でアプローチしたとします。ここからアポイントにつなげていくわけですが、時間の調整を行ったうえで、必ず「明日、お会いできることを楽しみにしております」と伝えます。そうすることで、アポイントの下地をつくるわけです。

さらに電話では、対面時のトークで前提となる「今、最も悩んでいることは何ですか?」という部分的なヒアリングも行います。たとえば老後のお金であったり、貯蓄の問題であったり、保険の悩みであったりをあらかじめ聞いておくわけです。

それは「加入している保険について聞きたい」「子どもの保険について相談したい」というものから、「住宅ローンの返済について聞きたい」「ローンの返済金利について知りたい」などさまざまです。

この段階で、必ずしも保険の話に限定する必要はありません。そもそも保険というものは、お金にまつわるあらゆる事象とつながっています。家のこと、年金のこと、学費のこと、さらには病気や資産運用などにも関係してきます。

このように、アプローチの段階でヒアリングの入口まで入っておけば、実際にお会いする前に準備できることが増えます。トークの組み立てにしても、準備がきちんとできていれば無駄がありません。

結果を出せない営業マンというのは、たいてい、この準備ができていません。たとえ準備をしていたとしても、個々のお客様に最適な準備にはなっていないのではないでしょうか。

準備には、誰に会う場合でも共通している基本的な準備と、お客様に応じてやるべき準備があります。結果を出すために必要なのは後者です。お客様に応じた適切な準備をしておけば、〝一歩先〟の行動をとれるようになります。

もちろん、その場その場で臨機応変に行動することも大切です。ただ、事前に起きるであろうことを想定して準備しておけば、想定外の事態を極力減らすことができます。それが準備の力です。

アポイントを取れたことに満足してしまう人は、一歩先の行動ができません。ヒアリングがおろそかになり、準備もまた不十分なものとなります。それはすなわち、お客様に余計な時間をとらせることにもなりかねません。

そこで、アプローチの段階からヒアリングの入口まで入っておき、その後のプレゼンテーションやクロージングまでの流れをイメージしておくこと。それぞれを明確に分けて考えるのではなく、全体を営業活動として考えること。

営業活動の成否を分ける行動ができるかどうかというのは、すでに最初の段階から決まっているのです。

つい営業のプロセスというと、「アプローチの段階ではこう、ヒアリングの段階ではこう、プレゼンテーションとクロージングでは……」となりがちです。しかし、結果を出すという観点からいえば、それぞれを強く意識しすぎる必要はありません。

むしろ、営業プロセス全体の役割をきちんと理解したうえで、状況に応じた必要な施策を講じていくことのほうが重要です。営業のプロセスを理解することと、実際の現場で役立てることは異なると理解しておきましょう。

流れをつかみ「顧客の心」を強く動かせ！

営業プロセスの中でお客様の心を動かすためには、きちんと呼吸を合わせることも大切です。それはつまり、お互いの温度感を合わせるということです。

営業マンがお客様と温度感を合わせるには、相手の状況を見抜けなければなりません。状況に応じてお客様の気持ちやモチベーション、テンションなどを読み解くことによって初めて、相手に合わせることができるようになります。

たとえば、ゆっくりと話すお客様に対しては、こちらもゆっくりとトークを進めていく。そして、少しずつ気持ちを高めてもらえるようなトーク運びをしていきます。

また、最初からモチベーションが高い人に対しては、こちらも熱量を上げて話していきます。時には、より自然でフランクな話し方を選択することもあるでしょう。そのようにして、お客様の心に寄り添っていくのです。

ただし、前提となる営業の基本を崩すことはありません。ベースとなるような営業プロセスと、それに応じた会話運びについては、どのような相手、どのような状況であっても変えることはありません。

むしろ、そのような営業プロセスのベースを持っているからこそ、いつでも余裕のある対応ができるのです。時と場合によって変えている声のトーン、身振り手振り、雰囲気などについては、あくまでも微調整の範囲です。

アプローチ、ヒアリング、プレゼンテーション、クロージングという流れのなかで、少しずつお客様の心をつかんでいくこと。すべては、営業マンがどのような演出をするのかにかかっています。

たとえば、こちらの話をまったく聞くことなく延々と話し続けるお客様がいたとしましょう。そのようなときに営業マンが慌てて話を遮ろうとしてしまえば、気分を害されるかもしれません。

あるいは、人が好きな人もいればそうでない人もいるでしょう。それぞれの人に対して適切に営業をしていくためには、全体のバランスを見ることが不可欠なのです。

では、営業マンが行うべき演出を見極めるには、何が必要なのでしょうか。ポイントは最初の雑談にあります。

デキる営業マンは、まず雑談を通して、少しずつ相手の心を解きほぐしていきます。仕事の話題や世間の話……どんなものでも構いません。たとえば、「お客様の住まいはどこですか？」「何年ぐらい住まれているのですか？」など、当たり障りのない話題からスタートするのです。

そうすると、少しずつ人間関係ができてきます。その中で、会話を通して相手のタイプを見極めつつ、演出を考案していくのです。

自分が調べてきたことを一方的に話す人に対しては、できるだけ聞き役に回りながら、適切なタイミングで「こうすればもっとよくなるかもしれませんよ」などと伝えてみる。その結果、少しずつお客様の心が動いていきます。

あるいは、さりげなく「別のお客様ではこのような例がありました」などの言葉を挟んでみるのもいいでしょう。知識がある人ほど「そのような例は聞いたことがなかった」などと、信頼につながることもあります。

いずれにしても、相手によって営業のプロセスは変わっていくものです。そのお客様にとって最適な演出を見極め、お客様の心を動かす努力をしましょう。頑なに営業プロセスを踏襲するのではなく、状況に応じた対応を心がけるのです。

日頃から「お客様の心を動かすにはどうすればいいのだろうか？」と考えていれば、お客様の心を動かすための行動がわかるようになります。営業マンとして目指すべきなのは、まさにそこなのです。

「劇場型営業」3つのポイント

劇場型営業を現場で実践する際に、意識しておきたいポイントは3つあります。3つのポイントとは、「セルフ・ブランディング」「プレゼンテーション」「クロージング&フォロー」です。

セルフ・ブランディングとは、「仕事人」としてだけでなく、「人間として」の魅力を備えた豊かな人間になることを指します。そのためには、自らを高め、自らを磨いていく歩みが欠かせません。

仕事ができる人になるということは、仕事を通じて人格を磨き、最終的に〝自分を売っていく〟ことができるということです。

営業活動をしていると、いくらお客様に対して言葉でしゃべっていても伝わらないことがあります。そのようなときは、自分の伝えたいことを言葉にすればするほど、相手にとっての〝雑音〟が増えてしまうのです。

雑音が増えれば増えるほど、お客様は不快になり、心を閉ざしてしまいます。そうなれば、どんなにいい商品でも売ることはできません。

そこで、前提となるセルフ・ブランディングが必要となります。自分のことを知ってもらい、とにかくお客様のために頑張るという姿勢を貫いていけば、お客様はこちらの熱意を必ず感じ取ってくれるものです。

そのうえで、時間を共有していくこと。1回の契約で2～3時間ほど時間を共にすると、お客様は少しずつリラックスしていきます。そうすると、無理に伝えようとしなくてもお客様に伝わるようになります。お客様のほうから感じ取ってくれるのです。

あくまでも大切なのは、「伝える」ことよりも「伝わる」ことだと認識しておきましょう。

2つ目のプレゼンテーションとは、お客様に伝わるための方法論についてです。正しい方法論を身につけることができれば、よりお客様に伝わる営業活動へと進化させることができます。

ただし、その前提となるのはあくまでも数です。とくに、すぐあきらめてしまう人は、適切なプレゼンテーションを行うための数が少なくなってしまいます。それではいつまで経っても、お客様に伝わるプレゼンテーションはできません。

もちろん、ロールプレイングも重要です。セールスプロセスや販売のやり方、マーケティングなどについてきちんと学んだうえで、それをきちんと実践で生かせるようにする。ある程度、体に覚え込ませていくのです。

王道の技術やテクニックを丸暗記しても、お客様を引き込むようなトークはできません。なぜなら言葉、表現力、そして考えがすべて他人のものだからです。

学んだことを現場で実践するというのは、自分の言葉で、自分の表現力で、自分の考え方で話すということに他なりません。そもそもお客様が商品を買ってくれるというのは、あくまでも、〝その人から買う〟という前提があることを忘れてはいけません。

これは3つ目のクロージング&フォローにもつながる話ですが、その人から買うということはつまり、営業マンの価値観や人間性を買っているといってもいいでしょう。だからこそ、優秀な営業マンは人間性を磨いているのです。

結果を出している営業マンは、人間性が高まると共に、ファンがどんどん増えていきます。営業活動そのものが自己研鑽の場となり、学びの場となり、想いを共有する場になっているためです。

セールスをしていると、お客様のいろいろな人生観に触れることができます。そういった情報が、営業マンの人間性を磨いていきます。

たとえば、「こういうことで困った」「こういう問題が起きた」など、本音と建て前を織り交ぜた対話の中で、営業マンが学べることはたくさんあります。そうして人間性を高めつつ、トークもまた磨いていくのです。

それらすべてが、プレゼンテーションの先にあるクロージング&フォローにも結びついていきます。お客様のことを理解したうえで、どのようにして背中を押せばいいのかや、どのようにしてフォローするべきかを考えるのです。

できるだけ自然な会話の中で、劇場型営業を実現できるように意識しましょう。

「守破離」の精神で技術を学べ！

これまでの話を踏まえて、第3章では「セルフ・ブランディング」について、第4章では「プレゼンテーション」について、そして第5章では「クロージング&フォロー」について詳しく解説していきます。

具体的な話に入る前に伝えておきたいのは「守破離」の精神についてです。

ご存知の方もいるかもしれませんが、守破離とは、茶道や武道、あるいは芸術などの分野における基本的な考え方のことです。とくに、師弟関係に着目した発想が基礎となっています。

具体的には、師匠から言われた型を厳密に守ること（守）、型を自分なりに進化させて既存の型を破ること（破）、さらには既存の型を超越してそこから離れること（離）を意味します。

本書で学べることについても、基本は守破離の精神に則って身につけてください。つまり、学んだことをそのまま実践し、それを自分なりに改良し、さらには独自の方法論を身につけるということです。

そもそも営業活動には絶対的な正解が存在しません。自分という独自の存在がいて、多種多様なお客様が存在し、さらにそれらが組み合わさるので、方法論もまた一定ではありません。

最終的には自分なりの方法論を進化させながら結果を出していくことが、売れ続ける営業マンになるための秘訣となります。

ただし、誤解しないでください。最初から型を無視して学ぶことと、型を踏まえたうえで独自の方法論を見出していくこととは、似ているようでまったく異なります。

他人の言うことを一切聞かず、自分のやり方のみを独自に考案しようとする人は、いつかどこかでつまずいてしまいます。それは、どんなに優秀な結果を出している人でも同様です。

だからこそ、まずは結果を出している人のやり方をそのまま真似してみることが大切です。自分なりのやり方で実践する前に、ただ愚直に、結果を出している人のやり方でやってみる。そこで何かをつかんでいきます。

ただ、それだけではいずれ成長が止まってしまいます。その先に進むことはできません。そこで初めて、これまでの型を自分なりに進化させて、破ることを考えてみるのです。

これまでの型に自分なりの工夫を加えてみると、自らの技術が進化していくのを感じられることでしょう。その場に応じた最適な行動がとれるようになり、不測の事態にも対応できるようになります。

ただし、これまでの型に自分なりの工夫を加える場合、ベースとなっているのがあくまで結果を出している人のやり方であることは忘れないでください。不十分な状態で独自の方法に移行してしまうと、基本から逸脱してしまいます。

結果を出している人のやり方を完全にマスターし、その型に対して自分なりの工夫を加えて成果を上げることができるようになれば、最後は型からの離脱を目指します。

ここへきて初めて、本当の意味での独自性を発揮することが可能となります。

それまでの過程で必要となるのは、素直な気持ちで他人から学ぼうとする姿勢であり、結果が出るまでやり続ける忍耐力、さらにはあらゆる物事を意義のある経験へと昇華させる志です。

だからこそ、優れた営業マンになるためには、人間的な向上が求められるわけです。

まずはきちんと守ること。中途半端に習得した段階で先走ってはいけません。誰が見ても文句のつけどころがないくらいにマスターしたうえで、次の段階に進みましょう。

マスターしたことを少しずつ応用していく破の段階では、時に必要なだけ、時に大胆に、これまでのやり方に工夫を加えていきます。そうすることで、少しずつ新しいものが見えてきます。

そして、最後はこれまでのやり方から完全に離れること。離れたところから、自分なりのやり方を確立してみてください。日々、工夫の連続です。そして必要な工夫は、お客様から学ぶことができます。

守破離の精神を身につけ、貪欲に、営業の技術をマスターしていきましょう。

［第3章］

初回アポで運命を感じさせる劇場型セルフ・ブランディング

セルフ・ブランディングは「舞台における役づくり」

第3章では、劇場型営業のポイントである「セルフ・ブランディング」「プレゼンテーション」「クロージング&フォロー」のうち、とくに「セルフ・ブランディング」にフォーカスして詳しく解説していきます。

セルフ・ブランディングの前提となるものは、お客様がどのような人から、どのようなタイミングで商品を購入したいと考えるのかということです。つまり、購買の原点に立ち返って考えると、セルフ・ブランディングが重要だとわかります。

あらゆるお客様は、ご自身の内側に何らかの不安を抱えています。そうした不安の原因、あるいは不安要素を構成するきっかけのようなものを語り始めたとき、商品の購入へと心が動き出します。

私たち営業マンは、そこに至るまでの流れをきちんと構築しなければなりません。そうすることで、お客様が自然と「その商品が欲しい」「その商品を買いたい」という気持ちになるためです。

不安の原因となっているものが表に出てきていない段階から、「この商品はいいですよ」「この商品を買ってください」と言っても、お客様の心に響きません。営業トークを展開するのは、お客様の心を開かせてからです。

たとえば、お客様が積立保険に加入するケースで考えてみましょう。積立保険に加入する方の多くは、それまで貯金をしてきた経験がありません。そのため、将来のことを考えると不安になるケースが往々にしてあります。

わかりやすいのは、自分が65歳になって定年を迎えたときのイメージです。そのときにもし貯金がまったくない状態であれば、年金だけで暮らしていくか、働き続けなければならないでしょう。

そのように考え始めてみると、ほとんどの人は貯蓄の必要性に気づくことになります。ただ、それまでの人生で貯金をしてきた経験がなければ、どうやってお金を貯めたらいいかがわかりません。

当然、貯金の経験がなければ、これからコツコツとお金を貯蓄できる自信もわいてこないことでしょう。そのような状況において、保険としての役割と積立としての役割を担う積立保険を勧めれば、自然と興味がわくはずです。

そういった経緯を経ることなく、「積立保険という商品がありまして」「ご興味ありますか?」などと話し始めても、商品を売ることはできません。その前提となる土台を構築するのが先なのです。

そして、前提となる土台を構築するために必要なのが、営業マンのセルフ・ブランディングとなります。

営業のプロセスでもあったように、営業というのはアプローチが成功してようやく次の段階に移ることができます。アプローチを無視して、営業トークを展開することはできません。

そして、相手の心を開かせるためにも、セルフ・ブランディングが重要となります。必要性に気づいてもらうための会話、その場の雰囲気づくりについても、セルフ・ブランディングがベースとなっているためです。

最初の段階から相手に警戒されてしまえば、こちらの言葉は届きません。とくに大人になると、ほとんどの人が何らかのセールスを経験してきているため、少なからず警戒心を抱いていることでしょう。

その警戒心を解きほぐし、少しずつ言葉が届くような環境を設定していくこと。初対面の段階から、信用してもらえるようなベースを整えていくこと。営業全体の流れを鑑みれば、セルフ・ブランディングが欠かせないのは当然のことなのです。

しかし、多くの営業マンはその前提を無視して、安易なテクニックに走ってしまいがちです。それで結果が出ず、やり方を変えてみて、また失敗を繰り返しています。

今一度、「人はどういうときに購買するのか」という基本に立ち返り、セルフ・ブランディングの要点を理解していきましょう。

自分の持つ「原則と戦略」が「パーソナルブランド」になる

セルフ・ブランディングをより確かなものとするために必要なのは、自分自身の中にある「原則と戦略」です。原則と戦略を自らの内側に持っていることが、パーソナルなブランドを形成していきます。

原則と戦略とは、主に次のようなものによって構成されています。

- 使命と覚悟
- 雰囲気づくり
- 共通点づくり
- コミュニケーション
- 顧客満足
- 流儀

使命と覚悟とは、保険であれば保険の営業マンとして続けていくという使命と覚悟を持つことです。「この仕事を一生、本気で、続けていく覚悟があります」ということを、お客様の前できちんと宣言します。

お客様は、営業マンに対して「この人は辞めてしまったらどうなるのだろう」と考えているものです。それが保険のように、長期にわたって保有し続けるものであればなおさらです。それが不安の種にもなり得ます。

そのような不安がある状態では、営業マンに対する深い信頼は生まれません。信じて任せてもらうためには、今の仕事で成果を上げていくことが自らの使命であると認識し、覚悟を表明することが求められます。

雰囲気づくりとは、人として会いやすい存在であるか、接しやすい人間性を持っているか、ということです。お客様と対面して商品を販売する営業マンは、これらの要素を備えている必要があります。

いくら素晴らしい提案をしたとしても、その人の人間性が信頼できないのであれば、言葉は心に届きません。こちらの言葉を相手の心に響かせるためには、聞きやすい雰囲気づくりが欠かせないのです。

その点、共通点づくりやコミュニケーションについても同様です。お客様の悩み、もっといえば〝心の闇〟を解消するために、お互いの共通点を見つけるなど、打ちとけて話ができる関係性を築いていきます。

表面的な会話をしているだけでは、商品に対する本当の必要性は認識してもらえません。「そうかもしれない」くらいでは、あとになってその必要性が揺らいでしまうのです。それは、コミュニケーション不足の表れです。

誰しも、自分がどのような闇を抱えているのかは、おおむね理解しています。その闇を外側に出そうとしないだけで、何らかの問題を抱えていることはみんなに共通していることでしょう。

そういった内側の闇をさらけ出してもらうためのコミュニケーションは、決して簡単ではありません。それは、パソコンやパンフレットを活用して、保険のメニューを提示するものとは次元が違うものなのです。

相手の心に寄り添い、雰囲気づくりや共通点づくり、さらには親密なコミュニケーションによって初めて実現できます。営業マンには、そのような覚悟を持って、お客様と対話していくことが求められます。

顧客満足というのは、営業トークを含めたプレゼンテーション、さらにはクロージングまでの流れが楽しいものであること、そして迅速な行動が基礎となっていること、さらには継続性があることによって成り立ちます。

お客様は、常に楽しいものを求めています。そして、貴重な時間を有意義に過ごしたいとも考えているものです。そうした当たり前のことをきちんと尊重し、継続して営業活動をしていくという意思表示をすることが、顧客満足に結実します。

最後の流儀というのは、端的にいえば自分なりのルールを持っており、「しっかりしている」ということです。自分が信じるものがあり、それを曲げない強さがある。そうした流儀を持っているかどうかによって、営業マンのオーラも変わってくるのです。

結果を出す営業マンになるためには、これらの「原則と戦略」を踏まえたうえで、自らのセルフ・ブランディングを構築していくことが必要となります。

さらに付け加えると、ホール・パーソン、つまりバランスのとれた人格を目指すこともまた戦略の一つです。豊かな人間になるためには、お客様から学ばなければなりません。

お客様が抱えている悩みを解決すればするほど、自分なりの問題解決能力が高まります。また営業という側面でいえば、ライフプランニングの技術や生き方、考え方などもどんどん向上していきます。

そして、自らの問題も自分で対処できるようになれば、さらにいい営業ができるようになるでしょう。

営業の仕事というのは、時に「魂を磨いていく仕事」と形容されることがあります。その理由は、私たちの心が、お客様の心をそのまま写す鏡としての役割を果たしているためです。

自分自身がしっかりしていなければ、お客様の問題も解決できません。「原則と戦略」をもとに、営業を継続していくべき理由はここにあります。

「使命感」を持ち、それを伝えろ！

劇場型営業における主役は、あくまでもお客様自身です。すべてのお客様が、その時々の状況に応じて、さまざまな形で主役を演じています。それこそまさに、劇場型営業の本来の姿です。

しかし、営業のシーンでよくあるのは、営業マン自身が主役になってしまっているケースです。営業マンが主役となり、自らのスキルやノウハウを披露する場になってしまえば、お客様は置いていかれてしまいます。

そうなると、お客様の心は開くことなく、むしろ閉ざされたままです。そのときに、いくら魅力的な営業トークを並べても、お客様の心に響くことはありません。それは劇場型営業ではなく、単なる一人芝居でしょう。

ベースとなっているのは、あくまでもお客様の目線に立つことです。お客様の目線に立ち、お客様の心を動かすということを使命に、営業の環境を構築していく。それで初めて、こちらの言葉が伝わります。

それにもかかわらず、ただただ自らの劇場を披露しようとしても、結果はついてきません。本当に実力のある営業マンは、お客様を主役にすることができ、感情面からも自分事として感じていただけるものです。

事実、私がお客様とお話ししているとき、お客様は確かにその舞台の〝主役〟となっています。その証拠に、時に笑ったり、時に泣いたり、さらには激しく胸の内を語ってくれたりすることも少なくありません。

とくに感情が動くのは、自らの心の闇を語ってくれるときです。

それまで他人であった私に対し、家庭のことや病気のこと、あるいは人の死について語ってくれるというのは、実に特別なことです。そうした特別な瞬間を見逃さず、ともに歩んでいくという姿勢を見せることが、信頼につながります。

もちろんお客様は、こちらが提案したことに対して「そうはいってもどのくらい生きるかわからないし……」と言ったり、未来予想図を提示しても「先々はどうなるか見えないし……」などと反論したりするのが普通です。

そのようなとき、「何を言っても結局は言い訳されてしまう」などと考えてはいけません。あくまでも、お客様の感情に寄り添って、まずはじっくりと耳を傾けてあげること。その先に、本当の理由があるはずです。

お客様の心を動かす使命とはつまり、お客様の心の動きに翻弄されるのではなく、正しい道へと導いてあげることです。そのためには、忍耐も必要なのは当然です。むしろ、「どうせあなたにはわかりませんから……」と言われてからが勝負です。

もしかしたら、その先に「実は、支えとなっていた大事な人が亡くなってしまって」という言葉が続くかもしれません。そのせいで、将来なんてどうでもいいと考えていたとしたら、典型的なライフプランなど意味をなさないでしょう。

そうであれば、無理に商品の話をする必要はありません。お客様の心に寄り添って、どれだけ辛いことがあったのかを傾聴し、理解するよう努めればいいのです。そうすることで、前向きになれることもあるかもしれません。

このように、劇場型営業というものは、あくまでも相手の心を動かすことにフォーカスを置いています。その中におけるセルフ・ブランディングとは、当然、相手の心に寄り添うためのものです。

お客様のことを考えず、こちらの意見を次から次へと口にしてしまえば、お客様はただ気分を害されるだけです。なぜなら、相手の意見を聞かずにこちらの意見を発するという行為は、ただ単に雑音をまき散らすことと同じだからです。

そうではなく、「自分はコミッションのためではなく、お客様のためにやっているのだ」という強い気持ちを持ってお客様と接していれば、自然に、お客様の心に寄り添うことができるはずです。

もちろん、営業マンとしては、あらゆる時間を商談に向けたいと思うことでしょう。ただし、あくまでも使命としてあるのはお客様の心に寄り添い、適切な方向に向けてあげるよう努力することです。

営業成績というのは、その先に自然とついてくるものです。お客様の心にフォーカスし、セルフ・ブランディングを確立するために、自らのマインドを高めていきましょう。

負の感情を捨て「心地よい空気」をまとえ！

お客様に信頼される営業マンとなるには、負の感情を捨て、心地よい空気をまとっている必要があります。負の感情をそのままにしていると、自らの雰囲気も悪くなり、結果につながりません。

負の感情を捨て、心地よい空気をまとうために必要なのは「ゆとり」です。余裕といってもいいでしょう。自らにゆとりがない営業マンは、どこかで無理が生じてしまいます。それが負の感情となり、悪い空気となるのです。

一方、ゆとりがある営業マンは、先々のことまで見通しています。今の自分がどのような立場にあるのか、そしてこれから先の5年10年をどう過ごしていくべきか。そういったことを自覚しているものです。

そのような自覚が、自らの中にゆとりをつくります。きちんと計画を立て、綿密な準備をし、一人ひとりのお客様に対して真摯に対応していくこと。その基本となる行動が、ゆとりによってもたらされます。

心にゆとりがあれば、過去を振り返ることもできるでしょう。1カ月単位で考えるのであれば、「月初の営業スタイルはどうだっただろうか」「月末にかけてスタイルを見直してみよう」などと検討する余裕が生まれます。

それがなければ、ただただノルマを追いかけてハングリーに行動する営業マンにしかなれません。「月初の売上がよかったから、後半はサボってもいいかな」などといった気持ちになってしまうこともあるでしょう。

人間は、ついどこかで楽をしようとしてしまうものです。短期間で成果を上げられたから、残りの期間は楽をしてしまう。それでは、いつまで経っても一流の営業マンにはなれません。それはゆとりとは違うのです。

ノルマに追われているからこそ、ハングリーな行動しかできなくなってしまいます。それはつまり、ノルマがなくなった瞬間、「残りの期間、どうやって楽をしようかな」と考えてしまうことに他なりません。

そうではなく、ゆとりを持つということは、自らの過去と現状、未来を俯瞰できるだけの余裕を持つということであり、負の感情を一切抱くことのないまま、心地よい空気をまとえる状態です。

もし現在、自分にはゆとりがないなと感じているとしたら、日頃の営業習慣を見直してみることから始めましょう。営業習慣は生活習慣と言い換えても構いません。

要するに、普段の生活の中で自分はどのような営業を行ってきたのかをつぶさに確認すること。そのうえで、今の自分には何が足りないのか、これから先どうしていくのかをきちんと自覚するのです。

営業マンとしてやるべきことの多くは、「心・技・体」に集約されます。「心・技・体」とは、心を整え、技を磨き、体を鍛えるということです。それらすべてが、負の感情を排し、心地よい空気につながります。

「心・技・体」を意識して活動している人は、心も体も健康になります。健康的な人は、他人に対して与える印象もよくなり、ポジティブなオーラをまとえるようになります。

そのようにして、ゆとりから得られた営業マンとしての雰囲気は、セルフ・ブランディングの中でも重要な位置を占めています。心も体も健やかになれば、言葉や動作も快活になることでしょう。

一方で、不健康な営業マンの行動は、お客様に不安を与えてしまいます。仕草や目線、話し方のいずれにも、どこからか信用できない空気感をまとってしまうためです。そうならないよう、意識を高めておくことが重要です。

いずれにしても、負の感情を抱いたままではいい仕事ができません。表面的な技術を取得しても、内面が備わっていなければ効果は半減してしまいます。ベースとなる自分に目を向けて、セルフ・ブランディングを進めていきましょう。

自分自身も商談を楽しみ、「共感性」を高めろ！

セルフ・ブランディングを確立するうえで、幅広い話題を提供できるスキルがあることは欠かせません。あらかじめ豊富な話題を準備できていれば、自分自身も商談を楽しむ余裕が生まれてきます。

劇場型営業の主役はあくまでもお客様なので、こちらから話をして勝手に盛り上がるということはありません。そうではなく、営業マンが提供できるのは話題であり、それをもとにお客様に話していただくことが重要となります。

もちろん、営業マンごとにやり方は異なると思いますが、私の場合は紙（資料）をほとんど使わないこともあります。自らの中に提供するべき情報が蓄積されているため、資料がなくても商談を進めていくことができるのです。

たとえば、メールで事前にお話しする内容を打ち合わせておいたお客様の場合、お会いした段階で「学資についてお考えなのですね」というように、最も重要なポイントをすぐに共有することができます。

そうなれば、「本日は保険会社の資産運用についてお話しします」と、自然な流れで商談に持っていくことができます。実際の商談では、これまでの保険と現在の保険との違いを認識してもらうこととなるわけです。

そのときに、ポイントのみを紙に書いて提示します。具体的にいえば、次のような流れとなります。

私「本日のテーマは『保険会社の資産運用について』です」

お客様「よろしくお願いします」

私「そもそも保険はどのような流れで運用されているのかご存知ですか？」

お客様「いいえ、わかりません」

私「実は、保険の多くは国債や社債で運用されています」

お客様「そうなんですね」

私「マイナス金利前の政策のときですと、日本の10年もの国債の利回りはこれぐらいでした。一方で、30年ものはこれぐらいです。さらに、米国の国債の10年ものはこう。30年ものはこう。それがこれからはこうなります」

お客様「そうなんですか」

私「そのような国債の動向を踏まえると、これまでの学資はお持ちになっていたほうがよろしいですし、これから保険に加入されるとしたら、こうした現状を踏まえたうえで検討されたほうがよろしいかと思います」

お客様「わかりました。それで、どのような保険が最適なのでしょうか？」

このように、自然な流れで商談へと向かうことができます。その前提となっているのは、適切な話題の選定と、ベースとなるような共感を得られる話の展開です。それらを状況に応じて使えるよう準備しておくことも、セルフ・ブランディングの一環となります。

話の引き出しをたくさん用意しておけば、お客様の認識を変えることは可能です。多くの人は、その商品に対する一般的な知識しか有していないものです。そのため、どのような情報を提供するのかによって、お客様の認識を変えられます。

あとは、その相手がどのような話題に興味を示すのかについても、商談中に察知できる感度を持っておくといいでしょう。ヒントはあらゆるところにあります。それらをもとに、適宜、適切な話題を選ぶようにしてください。

提供できる情報を有していることはもちろん、状況に応じてあらゆる話の展開へと持っていける蓄積があれば、商談そのものを自ら楽しむことは十分に可能です。そうなると、楽しんでいる気持ちがお客様にもポジティブに伝わります。

お互いが気持ちのいい商談をしていると、無理なく深い話もできるようになりますし、その後の展開も自然な対話の中で進んでいくようになります。会話のトーンも内容も、さらには共感性も高まります。

そのような状況をつくることができれば、営業マンとしてもプレゼンテーションをしやすくなるはずです。お客様の問題を解決し、自らのプレゼンテーションを成功させるためにも、商談を楽しみながら共感性を高めていきましょう。

「親密な関係」を築く技術

営業マンが身につけておくべきコミュニケーションの基本は、「丁寧・的確・明確」であることに加えて、「カジュアル」であることです。それらのポイントを踏まえたうえで、お客様と親密な関係性を構築していきます。

丁寧・的確・明確、そしてカジュアルというのは、必ずしも態度だけを指すのではありません。そのベースとなるような知識の習得が習慣化されていることによって初めて、適切なコミュニケーションが行えるようになるのです。

たとえば、新聞に目を通すなどは基本中の基本です。日々の基礎的な情報はもちろん、経済に関する情報は新聞で網羅することができます。自分の業界に関連するニュースも合わせてチェックできるでしょう。

また、週刊誌を購読するのもオススメです。新聞の情報はどうしてもカタくなりがちですが、週刊誌から情報を得ておけば、よりカジュアルな話題も提供することが可能となります。お客様ごとに話題を使い分けることが大切です。

さらに、最低でも週に1回は、本屋に立ち寄るようにしましょう。本屋には多種多様なジャンルの本があります。その中から、自分の気になる本、目に留まるテーマに着目し、新しい知識の習得を目指してみるのもいいでしょう。

ちなみに本との出会いでいえば、新聞の広告欄も見逃せません。タイトルやコピーを眺めながら、自分に合った本を定期的に見つけることができれば、より幅広い知識を得ることができます。

そのような知識の奥深さが、営業活動に厚みを与えてくれるのです。商談時の丁寧さ、的確さ、明確さ、そしてカジュアルさというのは、こうした日々の努力によって培われるものでしょう。

私自身、普段の情報収集では、必ずしも保険に関することだけを仕入れているわけではありません。自分が扱っている商品である保険の知識を仕入れるのは当然のことですが、それ以外にも幅広い情報収集をしています。

たとえば、保険に近いところでいうと、日々、お金に関する幅広い情報を入手していま す。資産運用についてはもちろん、ライフプランや経済状況、さらには投資に関する情報についても同様です。

こうした情報収集は、どのような業界に所属していても行うべきでしょう。

もし私がファッションデザイナーだとしたら、「今年のトレンドはこんな色の組み合わせだ」「今年の流行はこのパンツだ」という情報を仕入れているはずです。その結果、お店で取り扱う商品の方向性も決まってきます。

もっといえば、「最近の若者はどのような行動習慣を持っているのか」や「若者が好むスポットや習慣はどのようなものか」についてもチェックしておきます。そうすると、今年のことだけでなく、来年のことについても話せるようになるでしょう。

このように、特定の方向からだけでなく、あらゆる方向から情報を入手しておくことが大切です。幅広く多種多様な知識や知見、情報が丁寧・的確・明確・カジュアルなコミュニケーションへとつながっていきます。

特定のやり方に固執している人は、特定の人に強い分、苦手なタイプも少なくないものです。あらゆる人を想定して営業活動をしなければならない営業マンにとって、その点が弱点となりかねません。

営業マンとしてより高いレベルを目指すのであれば、現在のことだけでなく、過去や未来についても精通しておくことが必要です。そして、専門分野とその周辺、さらには少し広範な知識も得るようにしてください。

幅広い知識を習得していくなかで、新しい技術を身につけるきっかけも得られるかもしれません。それが、お客様に対して丁寧・的確・明確・カジュアルなコミュニケーションをするためのヒントにつながる可能性もあります。

お客様と親密な関係を築いていくために、セルフ・ブランディングとしてのコミュニケーションのあり方を常に意識しておきましょう。

丁寧・的確・明確・カジュアルということにフォーカスしてお話しすると、私の場合、商談時にスーツを着ていくことはありません。その理由は、他社との差別化になることに加えて、お客様との親密度を高めるためです。

とくに生命保険に関していえば、お客様がどのようなタイプの営業マンから契約したいかというと、半分以上の人が「家族の一員と思えるような人に相談したい」と考えているそうです。

そうだとすれば、ネクタイを締めてビシッとスーツを着るよりも、家族の一員であるかのようなフランクでリラックスした状態をキープしたほうが得策なのは明らかです。そのほうが、明らかに会話が弾みます。

本当に深く悩んでいる人ほど、

「実はですね……」
「なかなかお話ししにくいことなんですが……」
「言わなくて申し訳なかったのですが……」

という言葉をきっかけに、本音を話し始めるものです。そのように打ち明けてもらえる人になるためには、フランクでリラックスした人にならなければいけません。ネクタイやスーツは必ずしも必要ではないのです。

誰しも、赤の他人に深い話はしないものです。丁寧・的確・明確・カジュアルなコミュニケーションをするために、まずは外見から、自分自身を変えていきましょう。

「顧客満足」を追求し続ける姿勢を貫け！

知識の習得と共に欠かせないのは、営業マンとしての姿勢です。とくに、顧客第一主義をモットーとしつつ、顧客の満足を追求し続ける姿勢は、あらゆる営業マンにとって不可欠なものといえるでしょう。

結果を出している営業マンには、特有の営業習慣があります。代表的なものでいえば、自身の営業の経過を書き出し、記録しておくことは、営業マンにとって必須の習慣といえます。

それによって、いつでも振り返りができます。その過程でお客様のことを考えたり、自らの行動を反省したりすれば、営業マンとしてのスキルはどんどん高まります。

そうした地道な活動を行わずして、顧客第一主義を自らに刷り込むことはできません。当然、結果もついてこないでしょう。たとえ契約がとれたとしても、それは単なるラッキーの積み重ねでしかありません。

自分の行動を振り返るということは、冷静になるということです。一方、振り返ることなく結果に一喜一憂しているというのは、ただ舞い上がっているだけです。その違いは、営業マンの実力を形成するうえで大きな差となります。

だからこそ、日々営業の経過報告書を書き出しておくことが重要です。しっかりと書き、しっかりと反省し、お客様のことを深く考えること。その繰り返しこそ、顧客満足を追求する姿勢につながります。

自身の営業経過を見て、「こういうところが足りなかったな」「こういうところをお客様とお話ししたほうがいいかもしれない」などと反省し、振り返り、修正できるところはすぐに修正していくことが営業マンには求められるのです。

もし、営業の経過報告書を書いていないのであれば、すぐにつくっておくことです。ひな型さえ用意しておけば、それを日々使い回すだけで問題ありません。重要なのは、繰り返し振り返る習慣を身につけることです。

顧客第一主義の原点となっているのは、いかに多くの時間をお客様のために使えるか、ということに尽きます。もちろん、直接的に対面している時間はわずかでも、それ以外の時間を有効活用していくことが必要でしょう。

たとえば、商談の内容を振り返っているときに、「こうすればもっとよい提案ができるのではないだろうか?」「このような悩みを抱えている人だから、次はこんな話をしてみよう」などと考えている時間もまた、重要となるわけです。

お客様のことを考えれば考えるほど、やるべきことは明確になります。どうすれば顧客の満足につながるのかを考え、そこに至るまでの道筋を適切に組み立てられるようになるということです。

それは技術のようでありながら、営業マンとして持っておきたい基本的なスタンスでもあります。一人のセールスマンとして、お客様に対して真摯に向き合おうとする姿勢を持つことは、自らの覚悟にもつながるはずです。

ただ残念ながら、世の中の多くは「顧客第一主義」という言葉を掲げているだけにとどまっているように感じます。言葉を掲げているだけでは、本当の顧客満足を実現することはできません。

大切なのは、どのくらいお客様のために時間と労力を使えるかということです。そのような基本スタンスを維持したまま、日々の商談に向かうことが、セールスのプロフェッショナルではないでしょうか。

営業マンとして、常に顧客第一主義であること。それは言葉だけではなく、行動にも表れなければなりません。行動の端々に、顧客第一主義が示されていてこそ、一流の営業マンでしょう。

あらゆる分野において、営業のプロフェッショナルは、そのような基本を身につけています。セルフ・ブランディングとは、営業マンの内側で構成され、それが自然と外ににじみ出るものなのです。

自分の「流儀」を確立し、継続しろ！

セルフ・ブランディングのまとめとして、「流儀」についても触れておきましょう。

流儀とはつまり、営業のやり方であり、自らの行動を規定するルールのようなものです。セルフ・ブランディングを完成させるためには、自分の中に流儀がなければなりません。自分の流儀を確立し、継続していくのが営業マンの仕事です。

たとえば、「お客様がどんな状況であってもプランニングをやり切る」と決めておくことです。そのような流儀を自分の中に持っていれば、自《おの》ずと行動も変わってきます。日々あらゆるシーンを想定して、営業トークが磨かれていくことでしょう。

とくに営業マンというのは、自分の裁量によって、その日の活動を終了できてしまいます。ある程度までお話しした段階で、「では、ご検討ください」「ぜひ次回も、よろしくお願いいたします」と言えてしまうわけです。

自らの立場が悪かったり、状況が芳しくなかったりしたとき、このように逃げてしまえば営業マンは非常に楽です。「よろしければ次回伺います」などと、言葉を濁して立ち去れるのですから。

ただし、それを繰り返していれば、お客様からの信頼を勝ち取ることなどできません。また自らの実力も向上せず、いつまで経っても結果を出せない、成果を上げられない営業マンとなってしまいます。

だからこそ流儀が必要なのです。「プランニングをやり切る」という強い気持ちを持ち、お客様と対峙《たいじ》していれば、どんな状況であっても立ち向かうことができます。

たとえお客様が心を閉ざしていても、緊張感が続いていても、自らの流儀に沿って行動していくこと。笑顔を忘れず、明るさを絶やさず、楽しい営業トークを展開して最後までしっかりと話すのです。

その先にこそ、結果につながる道筋があります。

私の経験からすると、心を閉ざしているお客様ほど、ある段階から突然、変わってくれるものだと感じています。心を閉ざしている人というのは、つまりこちらを警戒しているということです。

警戒している理由は人によってさまざまですが、もともと用心深いのか、あるいは過去に騙されたり後悔したりした経験があるのかもしれません。いずれにしても、何らかの理由があって警戒されているわけです。

その警戒を解くためには、こちらが適切な対応をしなければなりません。適切な情報を提供したり、心の琴線に触れるような質問をしたり、あるいは明るい雰囲気で会話をすることかもしれません。

そのような努力を経て、お客様が自ら心を開いてくれるようになれば、その後の商談も問題なく進めていくことができます。それまでは決してあきらめてはいけないのです。その前提として、自らの中に流儀を持っておくことが欠かせません。

もちろん、警戒している人に対して「それではぜひご検討ください」と言って、その場を離れるのは簡単なことでしょう。しかしそれでは次がありません。自らの流儀からも外れることとなります。

厳しい状況であっても、どんな状況でも、プランニングをやり切ること。自分が終わりにしてしまった営業を変えていくこと。自分なりの流儀を確立するとはつまり、そういうことなのです。

そのうえで、営業活動を継続するための土台を形成していってください。流儀を持って活動していく先には、継続性が伴うはずです。継続することもまた、プロとしての流儀です。

どんな状況でもプランニングをやり切るということは、決して簡単ではありません。しかし、自らの流儀として掲げておけば、不可能なことではないのです。実行できるかどうかは、実践する営業マン自身にかかっています。

顧客にどう「アプローチ」するか?

セルフ・ブランディングを確立したうえで、営業プロセスのその先にあるものは、具体的なお客様へのアプローチです。この場合のアプローチとは、お客様との接点をつくること、つまり「アポイントの取得」にあたります。

営業で結果を出せていない人は、お客様へのアプローチに苦手意識を持っているのではないでしょうか。たとえば、「お客様に嫌われてしまうかもしれない」「文句を言われるのが嫌だ」などと考えていることでしょう。

そのような発想では、お客様に対して正しいアプローチをすることはできません。大切なのは、お客様のためになるという発想を基準に、適切な方法によってアプローチしていくことなのです。

そもそもアプローチとは、「人に近づく・接近する」などの意味を持つ言葉です。誰でもそうですが、知らない人が近づいてくると警戒するのは当然です。つまり、人が警戒心を抱くのは自然な反応といえるでしょう。

そうなると、営業マンが最初にやるべきなのは、この警戒心を解くことになります。「どういうふうに警戒心を解くか？」「どのようにして警戒心を外すか？」ということを、まずは真剣に考えなければならないのです。

さらにいえば、「できるだけ短い時間で警戒心を解いてもらい、自分の人間性について理解してもらったうえで、信頼感を得る」ということを目指すのです。それが、アプローチの本質となります。

アプローチを成功させるための要因は、大きく次の3つです。

1．事実と治療

医者の世界をイメージしてみてください。医者は患者に対して、どのようなアプローチをするでしょうか。

誰しも、何の説明もないまま治療されるのは不安なものです。そのため、治療の前提となるような説明があるはずです。たとえば、

・どんな病気を患っているのか？
・どの部分が病気になっているのか？
・どのような治療をするべきなのか？

などの事実を解き明かしていき、実際の治療へと至るはずです。これが医者の場合のアプローチです。

どのような病気を治療する場合であっても、医者は必ず私たちに事実を提示します。そ

れはMRIかもしれませんし、CTスキャンかもしれませんし、あるいはレントゲン写真かもしれません。

いずれにしても、こうした事実を提示することによって、患者はスムーズに治療を承諾することとなります。事実があるからこそ、私たちは安心して治療をお願いできるのです。

このことは、営業のシーンでも応用できます。つまり、事実となるデータをお客様に提示することで、何をするべきかをお客様自身に自覚してもらうこと。そのうえで、判断を促すこと。それが、最適なアプローチとなるのです。

2. 状況判断と打ち手

2つ目は「状況判断と打ち手」です。今度はゴルファーをイメージしてみてください。世界でもトップクラスのゴルファーは、状況判断がとても素晴らしいものです。常にラフやバンカー、池の位置を把握しつつ、状況に応じて最適なアプローチをしています。そうしなければ、よりよいショットが打てないためです。

ゴルファーのように、営業マンもきちんと状況判断を踏まえたうえで、打ち手となるアプローチについて考えてみましょう。その時々の状況を瞬時に判断しつつ、最善となるアプローチを考案するのです。

状況はその時々で変わっていきます。そうした状況の潮目を敏感に感じ取り、適切にアプローチしていくこと。それができて初めて、商談につながるアプローチとなるのです。

3. 信念と想い

3つ目は「信念と想い」です。信念と想いを理解するためには、恋人との出会いを想像してみましょう。

恋人との出会いもまたアプローチの一種です。目的は違えど、それもまた出会いを演出するという意味では同じです。

では、どのようにして恋人にアプローチすればいいのでしょうか。ここでつい「どんな人でも落とせるテクニックを知りたい」と思うかもしれませんが、残念ながら、そんなものはありません。

そういったテクニックよりも大切なのは、誠心誠意、想いを伝えるということです。

営業マンがお客様にアプローチするときも同じです。誠心誠意、お客様の気持ちになって行動していくこと。それが、どんなテクニックよりも伝わるアプローチとなります。

そしてそのための具体的な行動として、常に信念と想いを持ち、それらを適切なタイミングで伝えましょう。その際には、こちらの目的をきちんと伝えることも重要です。

相手の目的とこちらの目的、それらが合致したとき、不信感や警戒心は自然と解かれていくものです。しかし、それらが明確になっていないと、お客様はいつまでも警戒したままとなってしまいます。

これら3つのポイントを踏まえて、お客様にアプローチしていきましょう。

［第4章］

顧客の悩める心にアプローチする劇場型プレゼンテーション

プレゼンテーションは「演技」に似ている

第4章では、劇場型営業のポイントである「セルフ・ブランディング」「プレゼンテーション」「クロージング&フォロー」のうち、とくに「プレゼンテーション」について詳しく解説していきます。

プレゼンテーションの前提として、「なぜ多くの営業マンは、契約したあとに気配を消すのか？」について考えてみましょう。

たとえば保険営業の場合、契約するまではこまめに連絡してきた人でも、契約後に気配を消すかのように存在そのものが遠ざかる人も少なくありません。その理由はどこにあるのでしょうか。

答えは単純。「解約（返品）されるのが怖いから」です。

とくに保険という商品は、契約したときはともかく、時間が経つとその必要性について疑問が生じやすいものです。何もないときには目に見える効果を発揮しないため、当然といえば当然でしょう。

そのため、こちらの存在を意識されればされるほど、解約される可能性が高まると考える営業マンが多いのです。

それは、第5章で詳しくお話しする「クロージング&フォロー」の問題でもあります。ただ一方で、自信を持ってプレゼンテーションできていない証拠でもあるのです。プレゼンテーションが正しく行われていれば、解約を恐れる必要などありません。

事実、私は半年に1回のタイミングで、写真入りの手紙をお客様にお送りしています。契約後のお客様からできるだけ離れるのではなく、むしろ、積極的にこちらを意識してもらおうとしているのです。

なぜそのようなことができるのでしょうか。単純に、自分のプレゼンテーションに自信を持っているからです。お客様に対して最適なプレゼンテーションを提供できているからこそ、こちらの存在をいつでも思い出していただけるのです。

自分の商品に自信を持ち、伝え方についても何ら負い目を感じていない営業マンは、契約後の顧客ともフラットな関係性を構築できます。つまり離れるべき間柄ではなく、共に未来を歩んでいく間柄になれるのです。

反対に、商品に対して何らかの疑問を感じていたり、あるいはプレゼンテーションに自信がなかったりすると、どこかでお客様から逃げようとするものです。解約を恐れ、なるべく距離をとってしまうのです。

そのような行動が、お客様の不信感にもつながってしまいます。同じことを繰り返していると、プレゼンテーションで使う言葉やプレゼンテーション時の態度にも、負い目や後ろめたさが表れてしまうものです。

もちろん、ご契約いただいたお客様に対し、新しいプランをどんどん進める「転換」というのも、褒められたものではありません。それは、本当にお客様のためになっているとはいえないためです。

あくまでも、お客様に寄り添うという意味において、こちらの存在を認識してもらうことが大切です。それは契約後のフォローでもあり、その前提となるプレゼンテーションのあり方にも関わっているわけです。

プレゼンテーションは、そうしたあらゆる要素を含んだ演技のようなものです。もちろん、主役はお客様自身であり、営業マンはそのための土台を整える演出家であり助演俳優です。

いかに気持ちよくお客様が演じられるかどうか。それは、営業マンの力量にかかっています。

その前提として営業マン個人には、営業力はもちろん、マーケティング力やコミュニケーション能力、さらにはその場での判断力や決断力が必要となります。そういったものをすべて統合して、プレゼンテーションへと向かってください。

顧客はどんな「プレゼン」を求めているのか？

プレゼンテーションについて考えるとき、多くの人は「どのようなタイミングで話を切り出すべきだろうか？」「どのようなトークを展開すればいいのだろうか？」「身振り手振りはどうするべきだろうか？」などについて思いを巡らせていることでしょう。

しかし、プレゼンテーションにおいて最も重要なのは、営業マンがお客様に対して何かを提供することではありません。むしろ、お客様からのアクションに対し、正しく受け答えできるかどうかにかかっています。

そのため、プレゼンテーションの極意は「傾聴」と「事前準備」に集約されるといっていいでしょう。これらをきちんとマスターしておけば、プレゼンテーションのスキルは自ずと向上していきます。

では、なぜ傾聴と事前準備が重要なのでしょうか。

そもそも傾聴とは、話し手の言葉にきちんと耳を傾けることです。具体的には、相手の言葉を理解することを最大の目的とし、建設的な行動がとれるように適切なサポートをしていく手法となります。

傾聴に必要なのは、言葉だけに注意を傾けることではありません。言葉以外の行動に注意を向けることはもちろん、話し手の姿勢、表情、声の調子などにも着目し、言葉によるメッセージを補完する情報を収集していきます。

とくに営業マンの場合、言葉などから感情や想い、悩み、熱意なども感じ取れるようにしなければなりません。そこに、私たちが提供できる価値への理解を深めてもらうためのヒントが隠されているのです。

お客様との商談は、どのくらいの時間がかかるのかわかりません。1時間で契約に至る方もいれば、４時間を超えても議論が収束しないこともあります。そのようなときでも、傾聴の姿勢を崩してはなりません。

そうなると、当然、体力が必要となります。営業というのは、体力や精神力を要する総合的な仕事です。とくに体がきちんと整っていないと、精神にまで影響が出るため、メンテナンスが欠かせません。

どれほど綿密な構成で組み立てられたプレゼンテーションも、それを実施する営業マンの声色や声のトーン、表情、姿勢、仕草がともなっていなければ、思ったような効果は得られません。

加えて、お客様がどのようなプレゼンテーションを求めているのかについても、不健康な状態では察知することができないでしょう。傾聴を行うにしても、自身の体調を整えておくことが不可欠なのです。

体力ということにフォーカスすると、長時間、座り続けていても心拍数が安定していられるような基礎体力と共に、平常心を保つような呼吸法、さらには背筋や腹筋を含めた柔らかいボディーバランスが求められます。

そこまで身につけておくのはハードルが高いかもしれませんが、結果を出している営業マンというのは、総じて体力もあるものです。自らの体力をベースに、どんな状況でも傾聴できるようにしているのです。

また、事前準備については、お客様の情報収集はもちろん、必要な資料を抜け、漏れなく準備しておくことです。当然、複数のバリエーションを設けて、お客様ごとに最適なプレゼンテーションができるようにしておきます。

そのように、傾聴と事前準備にフォーカスしておけば、商談においても、営業マンとしてのやるべきことを無理なく実践できます。お客様が求めているプレゼンテーションを見抜き、その場で実践することも可能でしょう。

傾聴をもとに、お客様が何を求めているのかを察知することができれば、事前準備でやるべきことも明確になります。使える時間を有効活用することにもつながるでしょう。その分、プレゼンテーションそのものに意識を向けることができるはずです。

「年齢や性別」によって話し方を変えろ！

多種多様なお客様を相手にする営業マンは、プレゼンテーションの内容もまた、時と場合に応じて変えていかなければなりません。相手の年齢や性別によって、やり方を変えていくのです。

このときに大事なのは、いろいろなお客様を想定して営業トークを用意しておくことはもちろん、ノンバーバルコミュニケーションを意識することです。

営業トークを用意しておくことは、誰もがやっていることでしょう。年齢、性別、職業、住まい、家族構成などを区分けして、それぞれの相手に響くような内容のプレゼンテーションを行う準備をする。基本中の基本です。

ただ、準備をするだけで満足してしまっている人も少なくありません。それだけでは、本当の意味で〝個別の〟お客様に対応することはできません。なぜなら、年齢や性別だけでお客様を完全に分類することは不可能だからです。

そこで意識するべきなのが、ノンバーバルコミュニケーションです。

ノンバーバルコミュニケーションとは、非言語コミュニケーションとも呼ばれているように、言葉以外のコミュニケーションのことです。具体的には、顔の表情や声、行動など、五感を踏まえたコミュニケーションを指します。

ノンバーバルコミュニケーションに着目すると、どうすれば相手にとって最適な呼吸や間で話を展開すればいいのかがわかるようになります。それがきっかけとなり、より適切なプレゼンテーションを行えるようになるのです。

考えてもみてください。どのような相手に対しても、同じトーン、同じ調子でプレゼンテーションをしていて、果たして心に響くような話ができるのでしょうか。お客様は千差万別です。状況に応じた対応は、営業マンにとって不可欠です。

そこで、ノンバーバルコミュニケーションにフォーカスしてみてください。お客様の表情や声、行動などの五感をチェックすることはもちろん、自らもそれらを駆使してプレゼンテーションを行うのです。

たとえば、会話の途中にちょっとだけ〝間〟を置いてみるのはどうでしょうか。少しの間、会話が途切れて沈黙した状態となりますが、そのときにお客様がどのような反応をするのか観察してみるのです。

お互いが矢継ぎ早に喋《しゃべ》ってしまうと、会話の中に間が生じることはありません。それでは五感を十分に活用したコミュニケーションにはなりません。

最初のうちはその沈黙が怖く感じられるかもしれません。どちらも話していない状態は、普通のプレゼンテーションではめったにありません。ただ、それもまた使いようなのです。間を使うことに慣れると、言葉ではない部分でお客様とつながれるようになります。こちらの言葉だけでなく、視線や表情、呼吸も感じてくれるようになるのです。それもまた、ノンバーバルコミュニケーションの一種といえるでしょう。

間を設けるのが難しいようであれば、手振りや身振り、声の高低、さらには声のトーンを変えてみるだけでも構いません。いずれにしても、間によるお客様の変化をきちんと感じ取り、プレゼンテーションに活かしていくことが大切です。

プレゼンテーションと聞くと、ついその内容や中身にフォーカスしてしまう人が多いように感じます。ただ、どのような内容であっても伝わらなければ意味がありません。伝わるプレゼンテーションというのは、営業マンの総合力によって構成されています。

相手のことをよく観察して、年齢、性別、その他の情報をもとに、営業マンとしての総合力を発揮してください。それが結果的に、プレゼンテーションの成否にもつながります。簡単ではありませんが、まずは意識することから始まるものです。

「商品を売ろうとする」のは大間違い！

保険という商品には姿形がありません。だからこそ、お客様に理解してもらうために、さまざまな方法で理解を促進していく必要があります。

そしてその理解促進のための土台となるのが、お客様の抱えている問題です。どんなに美味しい料理でも、お腹がいっぱいの人に勧めるのは難しいでしょう。それと同様に、お客様の問題が顕在化されていなければ、商品を勧めることはできません。

いうなれば、営業マンがやるべきなのは「商品を売ること」ではなく、「問題を解決すること」なのです。商品を売ろうとすればお客様は逃げてしまいますが、問題を解決しようとすればお客様は喜びます。

そのようにして心を開いておけば、理解は自然と促進されます。あとは、より理解してもらいやすい形で、プレゼンテーションを進めていくだけです。

さらに理解を促進するための工夫としては、紙に書いたり、手振りや身振りをしたりすること。それによってイメージしやすい形で情報を提供できるようになるでしょう。

理解の仕方は一通りではありません。言語によって理解する人もいれば、図によって理解する人もいますし、あるいは立体で物事をとらえる人もいるでしょう。大切なのは、相手に応じた理解を促進していくことです。

保険の世界でいえば、学資保険は形が四角となる一方、終身保険の場合は長方形プラスロケット形になります。つまり終身保険であれば、保障も資産運用も望めるという意味になるわけです。

そういった説明を紙に書いたり、あるいは手振りや身振りで表現したりすると、どこかのタイミングでお客様の心が動いていきます。そのタイミングを見逃さず、さらにプレゼンテーションを進めていくのです。

そのため、「商品を売る」というよりは、「問題を解決するための説得や納得を促していく」ということが、プレゼンテーションの本筋といえそうです。そのことが前提になっていない人は、いつまで経っても成果が上がらないのです。

とくに、問題を解決するための説得や納得というのは、こちらから一方的に情報を伝えるだけでは成し得ません。やはり、こちらが持っている情報を提供し、教示し、ともに学んでいこうとする姿勢が大切です。

かといって、自分のほうが知っているという態度をとってはいけません。偉そうな態度をとっている営業マンもいますが、堂々としていることと偉そうにすることは似て非なるものです。

偉そうにしている営業マンは、一定のお客様から嫌われてしまいます。そのような営業マンは短期的に成果を上げることはできたとしても、中長期的に結果を出せる人にはなれません。長期で見ると続かないのです。

そうであるのなら、「教えてあげる」という姿勢ではなく、「一緒に勉強していきましょう」という姿勢で臨んだほうが適切です。それなら、どのようなお客様に対してでもスムーズに受け入れられることでしょう。

いくらお客様の問題を解決するためのきっかけが商品にあったとしても、最終的に判断するのはお客様自身です。営業マンが上から目線で指導したり、教え諭してあげたりする必要はありません。

あくまでも、お客様に寄り添うこと。共に学んでいこうとする姿勢を持って、実際にプレゼンテーションを行うこと。商品を売るのではなく問題を解決するというのは、つまりそういうことです。

経験が豊富な営業マンこそ、自分の行動が見えなくなっている可能性があります。たとえ何度も繰り返していたとしても、初心を忘れることなく、「商品を売るのではなく、問題を解決すること」に立ち返りましょう。

そうすることで、プレゼンテーションの中身も自ずと洗練されていきます。お客様のためにならない無駄を省き、より適切な対話の時間へと昇華されていくのです。それこそ、営業の原点といえるでしょう。

問題を解決するという姿勢を持つためには、自らが「コンサルタント」であるかのように振る舞ってみるのもいいでしょう。営業マンではなく、物事を論理的に解決するコンサルタントであると定義してみるのです。

コンサルタントは、お客様に対して無理に商品を売りつけたりしません。ですので、お客様にとって嫌な存在ではなく、問題を解決する味方でありパートナーとされるのです。立場がまったく異なります。

私も最初は警戒されることが少なくありませんが、30分ほど話をすれば、既にお客様は味方になっています。会話の中でお客様の悩みを聞き出し、その悩みを共に解決しようとする姿勢があるためです。

営業マンはお客様に「何か売りつけられるかもしれない」という疑念を抱かせてしまいやすいもの。お客様がそのような色眼鏡をかけたままでは、プレゼンテーションを成功させることはできないでしょう。

「売られないようにしよう」
「断らないと買わされてしまう」
「どうやったら断れるだろうか?」

このような発想を抱かせてしまうと、プレゼンテーションは絶対に失敗します。お客様の思考回路が、とにかく断ることだけに向いてしまうためです。たとえプレゼンテーションがうまくいき、契約できそうになったとしても、「こんなに早く決まっていいのかな」という疑念が邪魔をすることになりかねません。

そうではなく、きちんと味方であると伝え、理解してもらうことが大切です。お客様のことを考えるのであれば、問題を解決することによって、本当に幸せな家庭を築いてもらいたいという気持ちを心から抱くのです。

想いは、自らのオーラとなって外側に表れます。そこに損得勘定は必要ありません。せめてお客様と対面しているときは、自分のことをゼロにして、お客様の人生と向き合ってみてください。

極端な話、1時間でも2時間でも、あるいは3時間でも、お客様のためだけに使うのです。自分のためにならなくてもいい。本当に優秀な営業マンというのは、どのようなシーンからも、学ぶことができるのですから。

それくらいの気持ちで、お客様の問題を解決していきましょう。

「保険営業におけるプレゼンテーション」の実際

プレゼンテーションの極意について、とくに保険の場合で考えてみましょう。すでに述べているように、保険という商品には姿形がありません。そのため、何らかの手法を用いて、お客様にイメージしてもらう必要があります。

そのときに営業マンがやるべきなのは、「将来に対する漠然とした不安」を聞き出すことに他なりません。ポイントは、「将来」ということと、「漠然とした不安」ということです。

誰しも、将来に対しての不安は抱えているものです。しかしそれらの多くは漠然としたものであるだけに、日常生活のなかで顕在化することはほぼありません。その状態では、保険の必要性を感じることはないでしょう。

そうした将来に対する漠然とした不安を意識してもらい、保険の必要性を再認識してもらうことが、営業マンの仕事です。プレゼンテーションは、そのために行われるものとなります。

お客様の中には、かつて保険に加入していたことがある人もいれば、保険についてまったく知らない人もいます。あるいは、インターネットや書籍などで緻密に調べてくる人もいて、それぞれ背景は異なります。

そのようなお客様に対し、情報量や背景などが異なることを前提にしつつ、「将来に対する漠然とした不安」を聞いてみます。すると、どんな人であっても、将来の生活やビジョンに意識が向いていくものです。

将来に意識が向くようになると、保険に対する必要性を認識してもらうための土台ができます。未来は何が起こるかわからないからこそ、そのための備えが必要なのは当然のことでしょう。

もちろん将来に対するイメージは、必ずしも明確なものではないかもしれません。むしろ漠然としたものがほとんどでしょう。そのようなイメージをもとに、話の展開を考えていきます。

たとえば、過去に保険で失敗した経験がある人は、将来のためになる正しい保険に加入したいと考えていることでしょう。そのようなとき、「そのような失敗を経験されたのですね。それなら、同じ失敗を二度と繰り返さないよう、このような方法がありますよ」と、トークを展開していけばいいのです。

そのようにして、まず、不安を取り除いてあげること。そのうえで、将来に対する漠然とした不安にも対処できることを伝えていくのです。そうすれば、シミュレーションを経ながら商品の必要性を理解していただけるはずです。

過去の失敗を払拭し、現在の問題をクリアし、将来の不安を対処していくというように、課題を一つずつこなしていけば、契約というゴールは自ずと見えてきます。それは、無理のない保険契約への道筋です。

本来、プレゼンテーションというのは、そうあるべきではないでしょうか。営業マン自身が完璧なプレゼンテーションをして、誰にでも契約させてしまうような話術を展開することとは異なります。

あくまでも、主役はお客様。将来に対する漠然とした不安を聞いておくことから始め、その答えをベースに実際のプレゼンテーションを構成していく。そうした流れを基本として押さえておきましょう。

あとは、将来の不安に対する解決策と共に、理想的な未来をイメージしてもらうことも忘れないようにしてください。いずれも、将来のビジョンを共有するために必要不可欠なことです。

プレゼンテーションの中で、将来に対する漠然とした不安を聞き出すこと。そのうえで、将来のビジョンを共有していくこと。そこに、単なるシミュレーションを超えた双方向のやり取りがあります。

とくに中長期的に活用する商材を扱う人は、顧客に将来について考えてもらう努力をしてみてはいかがでしょうか。

顧客のニーズを「ロジカル」に分析せよ!

お客様の不安を正しく理解することができれば、ロジカルな提案はいくらでも組み立てることができます。そこは、自分が扱っている商品への知識が物を言うところでしょう。

お客様が求めているのは、問題解決につながるであろう商品を公平に比較できることです。営業マンが無理に勧めようとしても、偏った情報を提供していては不満が残ってしまいます。

公平に商品を比較できる環境を構築し、そのうえで、それぞれ何が違うのか、どのようなメリット・デメリットがあるのかを説明することが、営業マンには求められます。

とくに自分で調べようとする意欲が高い人ほど、最終的な決断ができなくなっているものです。いくら情報を収集していても、どこかでわからない部分が生じてしまい、決断ができなくなってしまうのです。

そのようなとき、営業マンはお客様の不安からさかのぼり、その不安を解消するための提案をロジカルに行うことが大切です。できるだけわかりやすく、できるだけ面白くプレゼンテーションすることで、決断までの距離が縮まります。

最終的な決断までに至る過程では、何が正しいのかではなく、どう決断すればいいのかを、お客様が自ら判断できるような下地を整えるようにしてください。それが、プレゼンテーションへの理解力を高めます。

もちろんお客様によっては、他の営業マン、他の商品と比較しているケースもあるでしょう。そのようなケースも想定して、できるだけ不安を解消してもらえるような提案をするのです。

具体的な商談シーンで考えてみましょう。

将来に備えて、医療保険への加入を検討しているお客様がいたとします。そのような場合は、まず、このまま医療保険に加入しなければどのようなリスクがあるのかを確認するところからスタートします。

お客様の属性は、主婦であったり、自営業であったり、あるいはパートタイマーであったりなど、さまざまです。ただそのようなケースでは、会社員とは異なり、傷病手当金がありません。保障が何もないわけです。

そのような状況において、あらゆるシーンをシミュレーションしてみます。たとえば、もし脳腫瘍《のうしゅよう》になってしまい、1年以上の入院を余儀なくされたらどうなるのか。治療費はもちろん、入院費用もかなりの高額となります。

それがもし、1年どころか5年、10年と継続してしまったら。1000万円規模にまで膨らむケースも少なくありません。それだけの金額を払い続けるとなると、保障がない状態というのは危険であることがわかります。

このような話をすると、お客様の頭には実際のイメージが浮かんできます。当然、お金の心配も大きくなることでしょう。ただそれは、まったく非現実的な話ではなく、実際にあり得る話なのです。

あり得る話をしたうえで現在の貯金額についても聞いてみると、多くの人はもしもに対処できるだけの貯金がありません。これから貯金していくとしても不安がつきまとうことには変わりないのです。

そのようにして生じた不安を解消するために、保険という商品があります。漠然とした不安を解消するのではなく、あくまでも、現実に起こり得る具体的な不安を顕在化させたうえで、その対処法としての保険を提示します。

こうした提案は、筋の通ったロジカルな展開を軸に行われます。プレゼンテーションとは、まさに現実を見てもらうための認識であり、理解の促進を図る試みです。不安の中身を明らかにすれば、現実に基づいた対処が可能です。

月々2万円ずつ貯金していくよりも医療保険に加入したほうが、より現実的な解決策につながるはずです。大切なのは、お客様自身にそのような認識を持ってもらうことなのです。
ぜひ、お客様の想像力を喚起させられるようなプレゼンテーションを目指していきましょう。

「情熱的なプレゼンテーション」で聞き手を魅了しろ!

プレゼンテーションだけでなく、営業マンはお客様に対して情熱を持って接しなければなりません。それは自分の商品に対する情熱でもありますし、お客様の問題を解決することへの情熱でもあります。

情熱がない人は、すぐにお客様を見切ってしまうものです。見切ってしまうというのは、安易に「この人には問題がないから契約に至らないだろう」と考えてしまうことを意味します。

その結果、契約に至りやすい人のみを相手にすることとなり、柔軟な対応が取れなくなるのです。

しかし、そもそも多くのお客様は「何もない」のが普通です。普段の生活で不安を意識することもなく、問題も抱えていない（ように思っている）人が大半でしょう。

そのような状況において、「問題がないから契約できない」などと考えていたら、いつまで経っても成績は上がりません。大切なのは、「何の不安もない」「何の問題もない」と考えているお客様に対し、情熱を持って、商品の必要性を認識してもらうことなのです。

では、何もないお客様に対してどのように接していけばいいのでしょうか。ポイントは、「何もない」を「何かある」状態へと変えることにあります。

たとえば保険の営業でいえば、お客様を「何かある」状態にするために必要なのは「ライフプラン」です。ライフプランを立ててあげることで、「何かある」将来が見えてきます。

それは、子どもの進学かもしれませんし、不慮の事故や病気かもしれません。いずれにしても、「何かある」ということを認識できるようになれば、保険という商品の必要性も無理なく理解できるようになります。

その過程では、プレゼンテーションが自然に行われていなければなりません。プレゼンテーションが自然体で行われていないと、喚起されるイメージも現実味のあるものとはならないためです。

実際のライフプランをベースにして、起こり得ることを正しく順序立てて説明することができれば、プレゼンテーションの中身も現実的なものとして理解してもらえます。そこには当然、営業マンの情熱も込められていなければなりません。

たとえ同じ話を、本やインターネットから得たとしても、自分に置き換えて考えることはそう簡単にできないものです。だからこそ、個別面談を通したリアリティのある話が不可欠なのです。

起こり得る事態を自分事として考えられるようになれば、お客様は心から「それは困るなあ」と悩むようになります。そしてそのような事態は、実際に世の中で起きていることです。

そこで初めて自らの商品を勧めるための条件、いうなればクロージングまでの道程ができあがります。その危機感は決して他人事ではなく、自分で解決しなければならない問題として、強く認識されている状態です。

こうなれば、あとは、クロージングをするだけです。クロージングの具体的な方法については第5章で解説しますが、そこに至るまでの間に、営業マンとしてやるべきことは8割終了しています。

最後に、そっと背中を押してあげること。お客様は、自ら一歩を踏み出す準備ができている状態です。そのうえで、一歩踏み出すように導いてあげるのです。そこまでの土台を、プレゼンテーションで整えておきましょう。

営業マンに情熱がなければ、プレゼンテーションは伝わりません。そして情熱というものは、目に見えないにもかかわらず、必ずお客様に伝わります。それも含めてのプレゼンテーションである、ということを忘れないようにしてください。

［第5章］

最大2回の商談で契約、リピーターへ
劇場型クロージング＆フォロー

魅力的な舞台は「終わり方」が美しいもの

第5章では、「クロージング&フォロー」のノウハウについて詳しく見ていきましょう。まずは、「クロージング」についてです。

クロージングは営業活動の中において、契約に至る際の最終段階です。アプローチがあり、プレゼンテーションを行い、その後クロージングによって契約へと至るのが一般的な営業の流れとなります。

契約を目前に控えていることもあり、気を張ってしまう営業マンもいるでしょう。ようやく契約がとれると考え、まくしたてるように背中を押す人もいるかもしれません。ただ、それでは美しくありません。

魅力的な舞台というのは、終わり方もまた美しいものです。アプローチやプレゼンテーションだけが美しくても、契約に至る際のクロージングが美しくないと、顧客満足を実現することはできません。

では、どのようにしてクロージングを進めていくべきなのでしょうか。最も大切なのは、契約に至る段階で抱いているお客様の不安をきちんと解消することです。それも、一つずつ丁寧に解消していくことが求められます。

どんなお客様であっても、契約の段階では必ず断り文句を口にされるものです。断り文句がない契約は基本的にほとんどありません。そのため、いかに断り文句に対応するのかが重要になってきます。

お客様の断り文句にうろたえてしまえば、その不安は増幅されてしまいます。

では、あらかじめどのような準備をしておけばいいのでしょうか。まずは、代表的な断り文句について見ていきましょう。次のようなものが挙げられます。

「主人（妻）に相談してみます」
「お父さん（お母さん）に聞いてみます」
「家計簿を見直してみます」
「診断結果が出てから考えます」
「他社の営業マンに話を聞いてから決めます」

「来週、あらためて決断します」
「仕事が落ち着いてから考えてみます」

これらは保険営業でよく聞かれる断り文句の一例です。バリエーションはそれこそ無数に存在していますが、類型化するとこれらが一般的だといえるでしょう。

こうした断り文句に対して、あなたはどのような受け答えをするでしょうか。ここで重要なのは、プレゼンテーションとの兼ね合いです。プレゼンテーションの流れを踏まえたうえで、整合性があるような応酬トークを展開しなければなりません。

そもそも営業マンからすると、プレゼンテーションの中でほとんどの疑問は解消されているはずです。それにもかかわらず、クロージングの段階でこうした断り文句が出てくるということは、お客様の中に「冷却時間が欲しい」という気持ちがあるということです。

つまり、断り文句の種類はさまざまであったとしても、お客様が伝えたいことはただ一つ。「少し時間をください」ということに尽きるわけです。要するに、「すぐに決めてしまってもいいのだろうか？」という迷いがあるだけです。

そうだとすれば、営業マンとしては、それぞれの断り文句をそのまま返してあげればいいだけです。

たとえば、「保険料をお支払いになるのは奥様ですか？」「家計簿ではなく未来のお金を見るべきではないですか？」「他社との比較ではなく、ご自身に合ったものを選ぶべきではないですか？」などのようなトークです。

もちろん、プレゼンテーションの段階で疑問が解消されていないのであれば、改めて説明し直せばいいだけです。説明しているのにもかかわらずご理解いただけない場合は、他に断る理由があるはずです。

その理由は、必ずしも明確なものとは限りません。単純に「とりあえずこの場は断ろう」と考えているだけかもしれないのです。そのようなときは、改めてお客様が抱えている問題について話してみてもいいかもしれません。

いずれにしても、プレゼンテーションを経た後にお客様が言う断り文句は、それほど種類がありません。どの断り文句を言われたとしても動じないよう、何度もシミュレーションを重ねておきましょう。

断り文句を一つずつクリアし、道理に合ったトークをきちんと展開すれば、契約までの道筋は自然と開けていきます。

「リピーター」を獲得する極意とは？

クロージングの段階で確固たる信頼を獲得していなければ、その場では契約できたとしても後から解約されてしまう可能性があります。そのため、契約に至るまでにきちんと信頼を獲得しておく必要があります。

しかもその場合の信頼とは、「お客様の悩みを解決できる存在として」の信頼でなければなりません。営業マンがお客様の悩みを解決できる存在であるのなら、信頼は自ずと深いものとなります。

たとえば保険の場合であれば、「将来への不安」「病気への対応」など、顕在化している悩みを具体的に解決できる商品を提示することによって、お客様の購買意欲は自然と高まります。それまでの過程が理路整然としていれば、信頼もまたついてくるのです。

人間というものは、「何かが欲しい」という欲求よりも、「何かを失いたくない」という欲求のほうが強いとされています。そのため、信頼を得るには「何かを失いたくない」という欲求を想起させることが重要です。

このことは、いわゆる「プロスペクト理論」として証明されています。プロスペクト理論とは、不確実な状況下における意思決定のモデルで、たとえ期待値が小さくても損しないほうを選んでしまうというものです。

プロスペクト理論を体現したものとして有名なのは、アメリカの心理学者であるダニエル・カーネマンの実験です。具体的な実験内容は、次の2つの質問によって成り立ちます。

試しに答えてみてください。

質問1 **あなたの目の前に、以下の2つの選択肢が提示されたものとする。**

選択肢A：100万円が無条件で手に入る。

選択肢B：コインを投げ、表が出たら200万円が手に入るが、裏が出たら何も手に入らない。

質問2 **あなたは200万円の負債を抱えているものとする。そのとき、同様に以下の2つの選択肢が提示されたものとする。**

選択肢Ａ：無条件で負債が100万円減額され、負債総額が100万円となる。

選択肢Ｂ：コインを投げ、表が出たら支払いを全額免除されるが、裏が出たら負債総額は変わらない。

質問1ではAを、質問2ではBを選択した人がほとんどだったのではないでしょうか。なぜそのような選択をしてしまうのかといえば、これにはちゃんとした理由があります。

質問1では、どちらも金額的な条件は変わりません。いずれの期待値も100万円となります。ただしどちらを選ぶかというと、確実性の高い選択肢Aを選ぶ人が圧倒的に多いとされています。つまり、50%でも手に入らないリスクを回避しているのです。

質問2の場合はどうでしょうか。質問2の期待値は、こちらも同じく100万円となります。しかし、質問1でAを選んだほぼすべての人が、質問2ではギャンブル性の高いBを選択することが実証されています。

このことからわかるのは、人間は利益が入らないというリスクの回避を優先し、とくに損失に対しては、損失そのものを回避しようとする傾向があるということです。これを「損失回避性」といいます。

カーネマンの実験からも明らかなように、お客様の信頼を勝ち取ったうえで契約に至るためには、できるだけ顕在化している損失を回避させる方向に持っていく必要があります。それが、顧客満足の持続性にもつながります。

それは単純に、購買意欲を刺激することとは異なります。そうではなく、人間が抱く本能的な感情に根ざした行動原理をもとに順序立てて、心理的に納得できる方向性へと導いているのです。

とくに営業マンというのは、短期間で信頼を得て、できることならその後のリピートにもつなげていかなければなりません。さらに紹介も得られれば、新たなお客様を獲得することにもつながります。

リピートも紹介も、信頼の度合いが深ければ深いほど、得られる確率が高まっていきます。そのために必要なのは、きちんとお客様の内面に目を向けて、適切な状況判断と言葉選びをすることです。

そのように、状況を考慮し、お客様の心理を踏まえたクロージングを行うことは、営業の基本といえます。短期間で信頼してもらい、成約し、さらにはリピート受注できるよう努力を重ねていきましょう。

顧客は「心理的」に満足したとき、契約に至る

契約に至るためのクロージングでは、お客様を心理的に満足させなければなりません。それが契約を確実なものにし、リピートにもつながるポイントとなります。大切なのは、いかにして心理的な満足を得るのかということです。

では、どうすればお客様は心理的に満足してくれるのでしょうか。そのための手法として、プロスペクト理論を応用した「コスト話法」について紹介しましょう。

コスト話法とは、お客様に対して、こちらから提供する商品がいかに損をしないものであるのかを理解してもらうための手法です。

たとえば保険の話でいえば、お客様の多くは月々の保険料しか見ていないものです。つ

まり、「月額でどのくらいかかるのか？」「毎月どのくらいの出費になるのか？」ということを気にしているわけです。

このとき、営業マンとしては「他社のは月々1万円ですが、当社では月々3000円で大丈夫です。お得ですよね」などと、価格を比較して契約に結びつけようと考えるかもしれません。

しかし、それでは長続きしないのです。なぜでしょうか。

たしかに月々の支払いが安くなるということは、それだけ損失を回避しているように感じられるかもしれません。ただ、その裏側にあるカラクリを説明していないため、結果的に、解約につながるリスクも高いのです。

たとえ同じ終身保険であっても、支払いもまた終身であるのか、それとも10年などと期間が区切られているのかによって、支払いの〝総額〟は変わります。それが毎月の保険料の違いに結びついていることをお客様は知りません。

もし、そのような違いをきちんと説明せず、月々の保険料が安いことを主張して契約をとろうとすると、あとから不満が噴出することになりかねません。なぜならお客様は本当の意味でのコストの差を理解していないからです。

そのように、本来のコストについてきちんと説明しないまま契約をとるのは危険です。たとえその場では契約に至ったとしても、後からお客様の中に「騙された」という気持ちが生じてしまう恐れがあるためです。

そうならないよう、あらかじめトータルのコストを明確にし、きちんとご理解いただいたうえで商品を勧めることが肝要となります。

その際に意識しておきたいのは「マズローの欲求5段階説」です。この理論をもとに顧客満足を考えると、自らが承認され、自分で選んだということが、お客様の満足を高めることは明らかです。

そのことを前提にし、お客様のことをきちんと認めてあげたうえで、自分で選べるようにクロージングしていくことが求められます。そうすれば、お客様が解約を求めるケースは格段に少なくなるのです。

解約が多い営業マンほど、コストの段階でごまかしていたり、クロージングの段階でどこか無理のあるようなトークを展開したりしているものです。しかしそれでは、お客様が満足して契約してくれることはありません。

お客様が満足していないということは、どこかに不満の種が残されていることになります。それが大きくなってしまえば、いつか解約に至ることになるわけです。そうならないよう、コストについての理解、そして承認および自ら選択させることを意識しましょう。

保険の場合でいえば、提供している保険会社、保険の種類、保障の内容、さらにはオプションについてなど、選択できる項目はたくさんあります。それらを適切に提示して、お客様に選んでいただけるような状況をつくりましょう。

まずは、あらゆる方法で、お客様を心理的に満足させることを目指してください。そのためには、お客様の心理を理解することに努めると共に、人間心理を広く学ぶことも大切です。

とくに営業のシーンでは、さまざまな心理学が応用されています。人間の購買心理に関する知識は顧客満足度を高め、営業成績を向上させることにも寄与します。ぜひ、そういった分野の本からも学びを得るようにしましょう。

流れをつくり、あくまで「自然」にクロージングする

クロージングは、できるだけ自然な流れで行う必要があります。クロージングに力を入れて、どうにか契約へと持っていくというよりは、お客様の購買意欲を下地として、そっと背中を押すようなイメージです。

もっといえば、クロージングのために特別なトークを展開する必要はありません。それよりも、お客様の発言に対し、それらを予測したうえで適切に対応していくことのほうが重要でしょう。

営業でよく使われる言葉としては、いわゆる「応酬話法」と呼ばれているものです。この応酬話法をクロージングの段階で適切に使えるようになれば、無理してクロージングしようと考える必要はなくなります。

それにもかかわらず、プレゼンテーションの延長としてクロージングのトークを展開している人が少なくありません。そうすると、どうしても営業マンのほうがよく喋ることになり、お客様は聞き役となってしまいます。

これまでにも繰り返し述べているように、劇場型営業の主役は、あくまでもお客様自身です。営業マンばかりが喋っている状態は、主役であるお客様をないがしろにしているのと同じです。それではうまくいきません。

そうではなく、お客様自身に現在の不安や悩み、疑問点をしっかりと語ってもらうこと。そうすることで、その場の主役はお客様自身となり、少しずつ自然に契約へと至れるようになります。

いずれにしてもクロージングの段階で、お客様の不安や悩みは必ず出てきます。営業マンができるのは、それらへの対応をあらかじめ準備しておき、「予想して話す」ということです。

お客様からの質問に対し、予想して話すのと、その場で対応するのとでは、結果に大きな差が生じます。とくにプレゼンテーションに自信がある人ほど、「ここで断られるなんて……」とショックを受けてしまうことでしょう。

だからこそ、事前の準備が欠かせません。あらかじめ残された不安や悩み、疑問点が出てくることを想定して、準備をしておくのです。第5章の冒頭でも述べたように、それぞれの断り文句にきちんと対応できるようにしておきましょう。

ただし、応酬話法はあくまでも契約に至るまでの流れを構築するものでしかありません。もし営業マンであるあなたが、特定の商品を売りたいと考えている場合、それだけでは不十分です。

では、応酬話法以外にどのようなトークが必要となるのでしょうか。ここで重要なのは、「適切にプッシュしてあげる」ということです。

お客様の中に不満や不安、疑問がなくなった状態において、次に期待されているのは「契約するとして、どの商品を選べばいいのだろう?」ということです。そのような状態であれば、ある程度、こちらからプッシュしても問題ありません。

もっといえば、自ら選択できる人に対しては選択肢を提示する一方、自ら選択できない、あるいは決断できない人に対しては、特定の商品を勧めてあげる。そのような姿勢でクロージングに臨むといいでしょう。

もちろんいずれの場合であっても、お客様の問題をきちんと解決できることに加えて、お客様が何らかの得をすること、さらには明るい未来を描けるようにすることが大切です。

それが営業の基本です。

クロージングをいかに自然に行えるかは、そこまでの話の筋が通っているかどうかにかかっています。道が整っていれば、お客様はそのうえを無理なく進んでくれるものなのです。

無理やり背中を押すのではなく、あくまでもそっと促すように「導く」のがポイントです。このようなクロージングをできるだけ自然に行えることを目指して、あらゆる行動を精査していきましょう。

細かいところでいえば、どのようなツールを使うのかも重要となります。たとえば私の場合、お客様と話すときはパソコンを持っていきません。

もしあなたが病院で診察を受けているとき、ドクターが患者のほうを見ないでパソコンを叩いていたとしたら、どのような気持ちになるでしょうか。きっと、「こっちを見てほしい」と思うのではないでしょうか。

営業マンもまた、常にお客様のほうを見ていなければなりません。お客様の目の前でパソコンに向かうというのは、お客様のほうから目をそらすことになるのです。それではお客様の心をつかむことはできません。

パソコンの代わりに紙とペンさえあれば事足ります。後は、すぐに計算できるように電卓があれば十分でしょう。できるだけお客様のほうを向いてクロージングを行うようにしてください。

契約後の「顧客フォロー」の秘訣

最後に、契約後に行うべき「フォロー」についても触れておきましょう。

フォローにおいて重要なのは、一にも二にも「購入後のお客様を放置しない」ということに尽きます。つまり、定期的にお会いできるシーンをつくり、積極的に関与していくことが大切です。

お客様のフォローに力を入れていない営業マンは、どこかでお客様に会うことを恐れています。具体的には、「契約した商品の不備が見つかるのではないか」「不平不満が出てくるのではないか」と恐れているのです。

そのような恐れがあるということは、クロージングそのものが不十分な証拠です。適切なプレゼンテーションを経て、抜けや漏れのないクロージングを行っているのであれば、解約の心配をする必要はありません。

要するに、プレゼンテーションやクロージングに自信がないか、あるいは取り扱っている商品そのもの、さらには自らの営業活動に確固たる信念がないからこそ、お客様に会おうとしない人が多いのです。

しかし、実際には逆の現象が起きています。お客様に会おうとしないからこそ、「契約後は何の連絡もしてこないな」といたずらに不安を抱かせてしまい、結果的に懐疑の念を抱かせてしまうことになります。

結果を出せない営業マンというのは、そうした自らのミスに気づきません。本来であれば契約後のお客様を定期的にフォローし、その過程で契約が正しいものであったことを再認識してもらうべきでしょう。

事実、私は毎月のようにお客様をフォローしています。具体的には、「フォローセミナー」という形で勉強会を開催しているのです。そうすることで、お客様との接点をつくっています。

フォローセミナーの場合、そこはお客様と共に学びを得るための場となります。フォローという意味においては、とりあえずお客様に会うだけでなく、「共に勉強していく」という姿勢も示すことができます。

また、フォローセミナーを定期的に開催していると、お客様との継続的な接点が自然につくられていきます。どこかのタイミングで忘れてしまったということもありません。大切なのは、そうした場をこちらから提供することにあります。

とくに契約していただいてから1週間は、とくにフォローが欠かせない期間です。

この期間は、お客様の中にも、契約したときの〝熱〟が残っています。その商品が高額であればあるほど、契約の熱量が下がるのには時間がかかるものです。その時間を経て、深く腹落ちできるようになるのです。

ですから、可能な限りフォローアップをするようにしましょう。たとえば、「感謝の手紙」を手書きで作成し、お送りするのもいいでしょう。私の場合、契約の翌日には届くように発送しています。

感謝の手紙でフォローセミナーの告知もしておけば、次にお会いできるタイミングが自然と設定されます。何らかの疑問が残っていたとしても、セミナーでそれらを解消していけば、解約にも至りません。

そのようにフォローというものは、クロージングを含めた営業活動の一環として行われるものです。それだけが単独であるのではなく、あくまでも、全体を貫く軸を意識しておきましょう。そうすれば、やるべきことも明確になります。

もっとも、フォローのためのフォローであってはなりません。あくまでも、お客様のフォローであることを意識してください。「フォローだから行う」という意識で行動してしまうと、どこかで事務作業的な対応になりかねません。

そうではなく、あくまでもお客様を引き続きサポートするためのフォローを目指していきましょう。そうした姿勢が、お客様にも伝わり、リピートや紹介の獲得にもつながることとなります。

［第6章］

顧客の心に寄り添えば、数字は後からついてくる劇場型営業マンに売れないものはない

売りたい気持ちはやまやまだけど……

第6章では、これまでに学んだことを総括する形で、営業マンとして意識しておきたい「心得」について解説していきます。

まずは、誰もが持っている「売りたい気持ち」に対し、どのように対峙するべきかについて考えてみましょう。

誰しも営業マンになった以上、売りたい気持ちを抱えています。向上心のある人ほど、他の営業マンよりたくさん商品を売って、どんどん成長していきたいと考えていることでしょう。その気持ちは非常に大切です。

問題なのは、そのような気持ちを悪い形で表現してしまうことです。売りたい気持ちの根底にあるものが、あくまでも「自分のため」であった場合、そうした姿勢はお客様にも必ず伝わります。

そうすると、「この人は自分の成績を上げるためだけに商品を勧めているのだ」と思われてしまいます。そうなると、お客様は心を開いてくれません。むしろ、何を言っても心に響かないことでしょう。

しかし、物は考えようです。売りたいという気持ちを、自分のためだけでなく、お客様を中心に考えてみてはいかがでしょうか。つまり、「お客様のためになるからこそ、もっと売りたい」という発想に切り替えるのです。

そのような発想であれば、営業活動の中心はあくまでもお客様になります。アプローチやプレゼンテーション、クロージングに至るまで、顧客目線でフラットに考えられるようになります。

それこそまさに、自らの売りたい気持ちと適切に付き合う方法です。自分のためではなく、あくまでもお客様のことを考えて営業活動をしていれば、それがお客様にも伝わり、結果がついてくることになるのです。

お客様のためであれば、自らの売りたいという気持ちをオープンにして問題ありません。自分が商品を売ることによって、お客様が幸せになれる。お客様の悩みや問題を解決できる。

そういった気持ちがベースにあれば、売りたい気持ちは営業活動を促進させるものとなります。無理に「この気持ちを隠さなければ」と考える必要はありません。いい意味で表に出し、お客様を味方につけてしまいましょう。

営業マンが信頼できる人であれば、お客様は必ず応援してくれます。応援してくれるだけでなく、ファンになってくれる場合もあるでしょう。お客様がファンになってくれれば、当然、自らの仕事にも責任が伴います。

そのことが、営業マン自身を育ててくれることにもつながります。ファンがいるからこそ頑張れるというのは、裏を返せば、ファンを裏切ることはできないということでもあるのです。その意識が、仕事にも表れるはずです。

どんな営業をしていても、営業マンの信頼やスキル、そして応援してくれるファンというのは現場で蓄積されるものです。誰しも、最初から何もかも身につけているわけではありません。

常に顧客目線で考えながらも、とどまることなく現場に出続けること。その姿勢が、ファンを裏切らない行為につながるのであり、その先の成果にも結びついていくことになります。

私自身、30年以上にわたって営業の仕事をしているものの、最初からアプローチやプレゼンテーション、クロージングのスキルがあったわけではありません。もちろん、最初はファンどころかお客様もいません。

そのような状況からスタートしているのは、誰しも同じです。営業活動の中において、初めて違いが生じます。そのことを忘れてはなりません。すべては積み重ねなのです。

営業マンとして、誰もが持っている売りたい気持ちとうまく付き合うために、常に顧客目線を大切にし、フラットな気持ちで営業に臨みましょう。

「自分の人間力」を磨け！

営業マンとしてコンスタントに結果を出していくためには、人間性の向上は避けて通れない課題です。人間性が伴っていないと、営業マンとしての成績もどこかで頭打ちになってしまうでしょう。

この場合の人間性とは、営業マンとして自らを鍛え、常に向上していこうとする姿勢でもあります。そのためには日々の鍛錬はもちろん、常に営業の最前線にいるという気持ちを持たなければなりません。

事実、私は1年365日、欠かすことなく営業マンとして現場に立っています。まさに「一日一善」のような感覚です。そうしたスタンスが、営業マンとしての覚悟につながり、結果に結びついています。

毎日のように営業活動をしていると、営業そのものが習慣となります。歯磨きをするように、日々やるべきこととして体で覚えられるのです。

営業の習慣が身につけば、心・技・体も自然と整ってきます。

営業マンになりたての人にしてみれば、毎日のように営業するのは難しいかもしれません。ただ、「自分は毎日、営業活動をするのだ」と意識することはできるはずです。その意識が日々の行動を変えてくれます。

少なくとも、最初から「上司と一緒でなければ現場に行けない」「もっとプレゼンテーションが必要だ」などと考えてはいけません。常に現場に立てるよう、覚悟を持っておくことが大切です。

習慣は大きな武器になります。毎日やっていれば、当然技術もスキルも向上していきます。最初は「つらい」「大変だ」と思っていたことも、やがて体が慣れてきて、当たり前にできるようになります。

さらに、自らの成長を実感できるようになると、営業活動そのものが楽しく感じられることでしょう。荒削りでも構いません。まずはその段階に到達するまで、とにかく必死に行動し続けましょう。

営業は座学で学べることもありますが、そのほとんどが現場で実際に行動されてこそ身につきます。ただ頭で理解しただけでは、無意識のレベルで実践できるほどに深まりません。それでは身についているとはいえないのです。

そうではなく、頭で考えなくても行動できるように何度も繰り返し実践してみること。そうすれば、日々の営業活動が習慣となり、やるべきことが当たり前にできるようになります。

「まだうまくできないから」と後ろ向きになる必要はありません。最初は誰しもうまくできないと理解したうえで、とにかくお客様から教わるという姿勢で現場に出てください。そして営業の現場から学びを得るのです。

わからないことがあれば、その都度確認すれば問題ありません。お客様のことをもっと知りたいのであれば、素直に質問してみましょう。そこには新しい発見も、新しい気づきもあることでしょう。

人間性を磨くということは、つまりそういうことです。そしてそのことが、現場で磨き上げた人間性が営業成績の向上にも直結します。その努力は必ず実を結びます。自分を信じて行動し続けましょう。

大きな成果を上げられない人の多くは、途中であきらめています。実力やポテンシャルにかかわらず、途中であきらめてしまえば大きな仕事はできません。最後までやり抜ける人は、やがて大きな成果を上げるものです。

やるか、やらないか。営業という舞台で、人間性を磨き続けられるかどうか。わずかなその違いが、後の人生にも大きな差となって現れます。問われているのは、それぞれの営業マンに、どれほどの覚悟があるのかということなのです。

そして、覚悟がある人間というのは、継続によってさらに進化する可能性を秘めています。だからこそ、成果を上げる人はさらに成果を上げ、結果が出ない人は何をやっても結果が出ないのです。

営業に限った話ではありませんが、人生の中で高まった人間力は、あらゆる分野で威力を発揮します。何をするにしても、人間力が物事を前に進めてくれるのです。それは個人にとってかけがえのない財産となるでしょう。

私自身、営業だけでなく、空手や歌唱、さらには整体の技術も有しています。空手は有段者ですし、歌のほうはシャンソン協会正会員として大勢の前でライブをすることもあります。また整体師としての認定資格も持っています。

このように営業で高めた人間力は、幅広い分野で発揮することができます。これがさらに営業成績を上げることにもなるのです。

次の項ではインタビュアーが私の顧客に「営業としての私の評価」を聞きます。

営業のノウハウは言語化できないものが多いため、私自身、無意識で実践していることがあるはずです。

その奥義ともいえるノウハウを、お客様のリアルな声から学び取ってもらえればと思います。

顧客インタビュー《Aさん（28歳・女性）》

――まずは、Aさんの現状について簡単に教えてください。

A：私は結婚してまだ1年半ほどなのですが、現在は専業主婦をしています。家族構成は、会社員をしている主人と私、それにお腹の中の赤ちゃんだけです。これまでは私も普通に働いていたのですが、妊娠したのをきっかけに仕事を辞めました。3カ月ほど前のことです。今日は、以前に契約した保険についてのお話を聞きたくて来ました。

――契約したのはいつ頃になりますか？

A：1週間くらい前のことです。本当にまだ最近のことでして。児玉さんに初めてお会いしたのは、それからさらに1週間前くらいのことでしょうか。この間、短かったのであっという間でしたね。

――初めて児玉さんとお会いしたときの印象について教えてください。

A：そうですね。とても優しそうな人だと思いました。そのときは主人と一緒で、「ちょっと軽そうな人だね」と言っていたのですが、見た目がとても健康的だったからだと思います。

――最初にお会いされたときのきっかけは何でしたか？

A：子どもができたので、そろそろ保険について考えたほうがいいと思ったのがきっかけです。インターネットで検索してみると、児玉さんの「保険マンモス」がとても評判がよかったため、それでお話を聞くことにしました。

――実際にお話しされてみていかがでしたか？

Ａ：とてもわかりやすく教えていただけたので、助かりました。自分たちで調べた範囲では、どんな種類のどんな保険があるのか細かいところまではわからず、悩んでいましたので。それが児玉さんのお話を聞いて、よく理解できるようになりました。児玉さんがファイナンシャルプランナーでもあるということで、いろいろと比較しながら聞けたのもよかったと思います。

――契約までの流れについてはどうでしたか？

Ａ：私たちが理解したうえで話を進めてくれたので、とてもスムーズに契約まで至ることができました。おかげさまでとくに迷うこともなく、初回の面談でそのまま契約しています。もちろん、最初は不安もありました。ただ、契約した後もいろいろとフォローしていただいたので、とくに心配になることはなかったですね。

――どのくらいの時間、お話しされたのですか？

A：3時間ぐらいだったと思います。午前中からお会いして、気がつけばすでに午後になっていて。最初は世間話からスタートしていたのですが、段々と話が盛り上がっていき、自然と契約に至っていたように感じます。

――何が契約の決め手となったのでしょうか？

A：やっぱり、こちらのリスクをできるだけ取り除いてくれたことだと思います。保険に入るにはリスクがありますが、そのリスクを取り除いていただけたので、最終的に決断することができました。

――契約後、ご主人様ともお話しされましたか？

A：はい。いろいろとお話を伺う中で頭が混乱していた部分もあり、お互いの意見を出し合いながらまとめていきました。定期的にセミナーも開催されているとのことでしたので、そういったものにも参加しつつ、契約後も勉強していこうという結果になりました。

――ちなみに、児玉さんの人柄についてはどのように感じましたか？

A：とても面白い人だと思いました。趣味もとても多い方ですし。主人も、最初は軽そうな人だと言っていたのですが、丁寧に対応してくれるのでとても助かったと言っています。これから先、自分でも勉強する気になったようです。

――とくに「いいな」と思ったのはどういう点ですか？

A：私としては、お客さんの目線で話をしてくれるところが嬉しかったですね。他の営業マンとは違い、できるだけ損をしないようなプランを勧めてくれますし。数字の話も、細かく提示していただけました。まだわからないことも多いですが、セミナーなどに参加して、これからも勉強していきたいと思います。

顧客インタビュー《Bさんご夫婦（夫37歳・妻42歳）》

――まずは、契約に至るまでの経緯について教えてください。

B（妻）：児玉さんと初めてお会いしたのは半年ほど前のことでしょうか。そのときに契約しています。今回、セミナーに参加するということで、お会いするのは2回目となります。

――最初に契約されたときは、どのくらいお話ししたのですか？

B（妻）：たしか2時間半から3時間くらいだったと思います。もともとインターネットで児玉さんのことを知り、すでに動画を見ていたので。まさにイメージしていたとおりの人でした。事前に雰囲気がわかっていたので安心でしたね。

──トークの内容についてはいかがでしたか？

B（妻）：私が知っている保険屋さんとは、ちょっと違う感じがしました。従来の保険屋さんって、どうも堅いイメージがありまして。ですが、児玉さんは明るくソフトな感じなので、リラックスしてお話しできたと思います。いい意味でサラリーマン的でないというか。とにかく、非常に話しやすいという印象でした。

──話しやすい雰囲気ということですね？

B（妻）：そうです。物腰がとても柔らかいんでしょうね。メールで連絡をくれることもあるのですが、絵文字が入っていたりもしますし。接しやすいんです。気さくでフランク。だから、一般的な保険屋さんとはイメージが違いました。

――その他に、一般的な保険屋さんとの違いは何かありましたか？

B（妻）：清潔感があるように感じました。洋服のセンスもすごくよくて。きっと、サラリーマン的な堅さをなくすために工夫されているのではないでしょうか。

B（夫）：僕は動画を見ていなかったのですが、印象がよく、前に行ったところよりも丁寧に対応してくれたと感じています。話もわかりやすかったですし。もっと早くお話を聞いていればよかったですね。

――具体的に、どのような点がよかったと思いますか？

B（夫）：何より手際がいいですよね。あらかじめ資料もきちんと準備してくれますし、その場の状況に応じて瞬時に対応してくれました。「じゃあまた次のときに用意しておきます」ということが一切なくて。だから、その場で契約することができたんです。

B（妻）：きっと、あらゆるお客さんに対応できるよう、引き出しをお持ちなんでしょうね。

B（夫）：あとは、ダメなものはダメとはっきり言ってくれるのもいいですよね。「これは変えたほうがいい」「これはこうしたほうがいい」というように、理由をつけてちゃんと説明してくれるんです。ロジカルな説明があると、しっかり頭で理解できます。

――それはシミュレーションなどのことでしょうか？

B（夫）：もちろんシミュレーションもそうですし、論理的な説明ですよね。解約したほうがいい保険についても、きちんと理由をつけて教えてくれました。そのおかげで、納得したうえで解約することができました。

B（妻）：商品の内容もそうですけど、やっぱり最後は人柄でしょうか。

――とくに契約の決め手となったのは何でしょうか？

B（夫）：そうだね。後は自分で悪いと思ったものは勧めない人なので、その点はとても信頼できました。

――契約後についてはいかがでしたか？

B（妻）：基本的に変わりません。保険屋さんのフォローはしつこい感じがして嫌なのですが、そういうこともありませんし。具体的にどこが違うのかはわかりませんが、きっと、いろいろな場面で工夫していただいているのだと思います。根掘り葉掘り聞かれることもありませんし。そのあたりのあんばいは、さすがです。

B（夫）：保険以外の話もいろいろとしていただきましたね。資産運用の話などでしょうか。そういった話も含めて、この人なら信頼できると感じています。

顧客インタビュー《Cさん(49歳・女性)》

――まずは、簡単なご経歴から教えていただけますか?

C:紅茶などを仕入れる会社を母と一緒に経営しています。祖父の代から会社を引き継いでいますので、私で3代目になりますね。住まいは横浜の旭区です。

――児玉さんとの付き合いはもう長いのですか?

C:いえいえ。子どもたちが小学生、中学生、高校生で、そのうち2人が受験生なの。だから保険についてきちんと学ばないといけないと思って。これまで、どんぶり勘定でやってきたものだから。それで、すべてをリセットするつもりで、児玉さんの話を聞くことにしたんです。

――児玉さんとお会いしたときの印象はどうでしたか？

C：とてもいい出会いができたと思っています。インターネットで調べると、いろいろな保険屋さんがありますが、その中でも児玉さんに出会えたのはラッキーだと感じています。うちの主人とも共通点がありますし、とても魅力的な方ですし。

――第一印象についてはいかがでしたか？

C：第一印象としては、とてもおしゃれな人だと思いました。職業柄、人の外見をよく見ていますので。もちろん、話をするときの態度もとてもしっかりとしていて。とても説得力のある目をされていますよね。

――トークの内容についてはいかがでしょうか？

C：やっぱり、どこかにあたたかさがありますよね。言葉にも、対応にも。こちらの話をよく引き出してくれて、話をしてもしっかりと受け止めてくれる。「早く喋ってよ」みたいなオーラは決して出しません。そういうのって相手に伝わりますよね。でも児玉さんは、こちらから話すのをじっと待ってくれています。そして、きちんと最後まで聞いてくれます。

――契約にあたり、不安などはありませんでしたか？

C：もちろん、まったくなかったといえば嘘になりますね。ただ、最初の印象からとてもよく、魅力的な人だと感じていたので、少しずつ不安も払拭されていきました。話しているときも、とても謙虚にされていますし。何がいいのかはきちんと伝えてくれたけれど、無理に押すということはありませんでしたね。

――決断の決め手はどこにあったのでしょうか？

C：お金についてとても詳しくて、的確なアドバイスをくれたところでしょうか。私も主人もそういったことが苦手なので、ファイナンシャルプランナーとしての児玉さんをとても気に入ったのだと思います。もちろんその前提として、安心できる人であることは欠かせませんけどね。とても素直な方ですしね。

――他の営業マンと比較して感じることはありますか？

C：やっぱり、実績もあるし、頭も切れると感じます。切り替えが早いんですよね。冗談を言っていたかと思うと、真剣な話に切り替わったり。そうした話術もとても巧みだと思います。雰囲気もいいですし。苦労されているとは思うんだけど、笑顔にその苦労がにじみ出ていないというか。お金があって社長をしている人とは違いますよね。

——契約後の印象についても教えてください。

C：初対面のときとほとんど変わりません。表と裏がなく、いつもざっくばらんに接してくれて。フォローアップのセミナーも定期的に開催してくれているようだし、これからもいろいろとお世話になりたいと思います。

顧客インタビュー《Dさん（20代・女性）》

――まずは、簡単なご経歴について教えてください。

D：主人は獣医師をしていまして、私はピアノの講師をしています。保険の契約をしたのは、今から1カ月ほど前のことでしょうか。家の近くの喫茶店まで児玉さんに来ていただいて、そこで契約しています。

――契約に至るまではどのような経緯だったのですか？

D：最初は、インターネットで検索して、児玉さんのことを知りました。契約の前に一度お会いしています。そのとき、こちらの話をいろいろと聞いてくれて、提案もしてくださって。とても話しやすい方だと思いました。人柄のよさがにじみ出ていたように感じます。

――具体的には、どのようなお話をされたのですか？

D：保険についての基本的な話をしました。何のために保険に入るのかということや、保険の中身についてです。私としては、病気や怪我をしたときのために保険に入るものだとばかり思っていたので、資産運用という視点はとても斬新だと思いました。

――契約にあたり、トークの流れについてはいかがでしたか？

D：そうですね。無理強いすることなく、スムーズに対応していただけました。うちの家計や収支にあったプランニングをしてくれたので、イメージもわきやすかったですし。とても現実的に考えられたと思います。最終的に主人と相談して、児玉さんにお願いすることにしました。

――児玉さんを選んだ理由は何でしょうか？

D：他の営業マンは、月々の支払いがいくらということをメインに話されていたと思います。ただ、児玉さんはそうではなく、あくまでもトータルでみたときの支出に焦点を置かれていました。そのため、最終的な支払いがどのくらいになるのかを、きちんと理解できるようになったのです。とてもわかりやすく説明してくれたので、理解も深まりました。

――その他の点で、児玉さんが優れているのはどのような点だと感じていますか？

D：やっぱり、こちらから質問したことへの回答が早いことですね。どんな質問をしても、児玉さんは瞬時に答えてくれます。主人も忙しい人なのですが、プランニングやシミュレーションをしておいてくれるなど、準備も的確だったと思います。他社の場合、

1回目でシミュレーション、2回目でたたき台の提示、3回目でようやく契約ということも少なくなかったので。そういう時間を省いてくれたのは、とてもありがたく思います。

――契約後のフォローについてはいかがでしょうか?

D:セミナーなどでお金の話について学べるのは助かります。とくにお金の話は、ほかの人には聞きづらいことですので。また、子どもができたときや住宅を購入したときなど、ライフプランに合わせて数年ごとに相談できるのも助かります。その都度、保険の内容も見直していただけるとのことなので。契約後のフォローも行き届いていると思います。主人も、理路整然と説明してくれるということで、満足している様子です。

顧客インタビュー《Eさんご夫婦（夫・妻ともに30代）》

――まずは、現在の状況から教えていただけますか。

E（妻）：結婚して2年ほどになります。1カ月ほど前に契約をさせていただいたばかりです。そのときは、それまで加入していた保険の見直しということでお話を伺っていたのですが、その流れで、児玉さんのところにお世話になっている形です。

――なぜ児玉さんのところに相談されたのですか？

E（妻）：保険マンモスさんがキャンペーンをしていたということもありますが、今となっては、児玉さんと出会えてよかったと感じています。

E（夫）：保険の契約時は不安もありましたが、実際にお話を伺っていると、専門的な話はもちろん、難しい話もわかりやすく解説していただけました。こちらの緊張を解いてくれたので、とてもフランクに話ができたのもありがたかったです。話しやすく、聞きやすい対応が決め手になったのかと思います。

――具体的に、どのようなお話をされたのですか？

E（夫）：世間話から入って、現在の家計についてやこれからのビジョンなど、過去・現在・未来まで、幅広くヒアリングしていただきました。

E（妻）：やっぱり最初のうちはこちらも知識がなかったので、どの商品がいいのかまったくわからず……。現在、加入している保険がいいのかどうかもわかりませんでした。ただ、児玉さんが説明してくれたので、信頼して任せることができました。

E（夫）：とくにうちの場合、マンションの購入を考えていることもありまして、お金のことを考えるきっかけとなっていたのです。資産運用の話とか、保険の話とか。児玉さんは、そういった話をトータルにわかりやすく解説してくれました。それで、信頼できるなと強く思えました。

――他社の営業マンと比較して、児玉さんに対してはどのような印象を抱いていますか？

E（妻）：キャリアが長いという点で信用できます。その安心感は、他社の若い営業マンとの大きな違いだと思います。他社の営業マンもいい方ではありましたが、納得というか理解度というか、そういった部分で児玉さんのほうが安定していると感じましたね。

E（夫）：最終的に契約したときも、深く納得できていたように思います。

――契約後についてはいかがでしょうか？

E（夫）：実際に保険証券が送られてくるまでは、それなりに心配していたかもしれません。お話ししてから契約までの期間も短かったので。ただ、時間が経ってみて、セミナーなどに参加させていただくうちに、「自分たちは最善の選択ができた」という気持ちが強くなっています。現状、不満はありません。

E（妻）：フォローアップのセミナーがあるので、お金について継続的に学べるのはうれしいです。無料で参加できますし、何か問題があればいつでも相談できますし。逆に、ちょっと申し訳ないぐらいです。

E（夫）：他社の場合、契約後に質問しても、あまりレスポンスがよくないケースがありました。ただ児玉さんの場合は、何度かメールでやり取りさせていただいたのですが、こちらの質問にもすぐに答えてくれます。お忙しいとは思うのですが、きちんと対応してくれるのは本当にありがたいです。

Ｅ（妻）：契約時だけでなく、契約後のフォローについても行き届いています。お客さんのことをよく考えてくれているのですね。

「営業」としての使命

最後に、営業そのものをどうとらえ、どのように取り組んでいけばいいのかについて、「営業の認識」という観点から考えてみましょう。

本書を手にした読者の皆さんの多くは、「営業をやりたくない」「営業はとても大変な仕事だ」「どうすればもっと楽に契約をとれるだろうか?」などと考えているのではないでしょうか。たしかに営業にはそのようなイメージがあるかもしれません。

ただ、イメージはイメージです。安定して成果を上げている営業マンもいれば、楽しんでお客様と商談している営業マンもいます。さらに、営業によって夢を実現している営業マンもいるでしょう。

いずれにしても、営業をどうとらえるのかは自分次第です。営業を「嫌なもの」「やりたくないもの」としてとらえてしまえば、営業に対する姿勢もネガティブなものになります。そうなると、営業がどんどん嫌いになってしまうでしょう。

しかし、営業に対する誤ったイメージを取り払い、営業は「お客様を幸せにするもの」

「自分を成長させてくれるもの」と考え直してほしいのです。そうすれば、営業に対する姿勢もポジティブなものになります。

結局のところ、どんな事業活動も営業を抜きにして語ることはできません。個人で見ても、営業を通して学んだことは、ビジネスはもちろん、人生におけるあらゆるシーンで応用することが可能です。

そして、そのように前向きな発想で営業をとらえたほうが、人生はよりよいものとなります。せっかく営業という仕事に従事することになったのだから、それを前向きにとらえ、1分1秒を無駄にせず学びを得たほうがいいはずです。

長期にわたって営業に携わっていると、知識や経験、そしてそれらに裏打ちされた自信を身につけることができます。それは人間性につながるものでもあり、人としてのオーラにもつながるものです。

そのように、自ら最前線でやってきたという自負が、その後の人生を形づくっていくわけです。もちろんその根底にあるのは、「本当にお客様のためになる営業とは何か？」を追求する精神そのものです。

営業というものをマイナスのイメージでとらえ、ネガティブな感情のまま、負のオーラをまとって営業活動をしていると、お客様の不安や悩みを解決することなど夢のまた夢。お客様のための営業はできません。

お客様のためになるということを突き詰めて考えていけば、自分のやっていることにも自然と自信が持てるようになります。それが結果的に、営業スキルを向上させることになるのです。

安定的に結果を出している営業マンというのは、営業活動のなかで、どんどん自分を高めています。意識しているか、していないかにかかわらず、そのような姿勢が自然と身についているのです。

それは日々の習慣であり、日々の行動であり、あるいは意識であるかもしれません。トップ営業マンというのは〝なるべくしてなっている〟ということを忘れないようにしてください。それは偶然ではないのです。

もちろん、トップ営業マンとはいっても完璧ではありません。わからないこともあれば、ミスをすることもあります。特定の分野以外に関しては、知識が足りないこともあるでしょう。

そのような場合を想定して、関連する専門家との人脈を形成することもまた大切です。お金まわりのことであれば、相続や贈与に詳しい税理士もいますし、場合によっては弁護士にお願いすることもあるかもしれません。

そのようなケースを想定して、自分でできることは自分でやりつつも、特定の分野では適切な専門家と組んで対処していくこと。それもまた、お客様のための行動です。すべては本当にお客様のためになる営業を行うために——これが私の劇場型営業の真髄《しんずい》です。

おわりに

かつて私は、営業の仕事を減らしていた時期があります。

30歳ぐらいの頃でしょうか。その頃は、整体治療院を開こうと思い、整体の免許を取得して活動していました。

また同時に、健康食品の販売が面白く、そちらの販売にも力を入れていました。その結果、営業活動の時間が相対的に減っていたのです。むしろ、保険の販売は少しお休みしようかなとも考えていました。

もちろん、迷いはありました。整体や健康食品の販売に従事しながら、保険の紹介で案件をいただくことが少なくなかったためです。それが大型案件ともなると、「やはり保険営業の世界が私の舞台ではないか」と思わされたものです。

その結果、他の方向を向いている場合ではないと考え、現在に至るまで保険の営業活動を続けています。

私が契約したお客様の中には、継続して私のことを応援してくれている人が少なくありません。それは本当にありがたいことです。私は事あるごとに、そうしたお客様を一人ひとり思い出しています。

そのような数々のお客様たちが「ちゃんと頑張れよ」と応援してくれている以上、お客様との関係性を良好なものとして維持していこうと努力するのは当然です。それは営業マンの基本となる姿勢でしょう。

私たちは、主にクロージングにおいて、お客様の一歩を踏み出すサポートをしています。ただ一方で、私たち営業マンが営業活動を続けていくにあたっては、お客様が背中を押してくれているのです。

そもそも、どのような商品を購入する場合であっても、お客様が契約してくれたというのは、その営業マンの人間性を認めてくれたことに他なりません。

どんな商品にでもいいところと悪いところがあります。それらを乗り越えるきっかけは、営業マンの人柄、あるいは営業マンの人間性をおいて他にないのです。

当然、優れた商品であれば、その商品を気に入って購入してくれることもあります。ただ、その間に営業マンが介在している以上、営業マンの存在を無視して契約に至ることはありません。

そこで営業マンがどのような人であるのか、どのような態度・対応で接してくれるのか、さらにはどのような信念を持って活動しているのかということが、最終的な顧客満足へつながります。

そして、関わったお客様が一人、また一人と増えていくにしたがって、営業スキルやノウハウ、知識、知見が蓄積されていき、自信も増し、次の営業活動につながっていくわけです。

これら一連の流れは、営業で大きな成果を上げたい人にとって、誰もが通る道となります。それまでの過程はそれぞれ異なっていたとしても、大きな流れはほぼ同じであると考えていいでしょう。

つまり、お客様のためにと考えて行動したことが、自分や周囲の人へ波及し、結果的に大きな成果につながっていく。あきらめそうになっても、お客様が心の支えになってくれる。――すべてはつながっています。

これから営業マンとして大成したいと考えている人は、まず意識を変えてみてください。営業というのは、自分にとっても他人にとってもかけがえのない仕事です。人生に必要なことはすべて、営業から学べるといっても過言ではありません。

重要なのは、営業活動から真摯に学ぼうとする姿勢があるかどうかです。それがあれば、自分の仕事に誇りと自信を持つことができます。それが結果的に、お客様のため、自分のため、さらには社会のためにもなります。

本書を通じて、一人でも多くの営業マンを勇気づけることができたとしたら、著者として望外の幸せです。

2018年12月吉日

株式会社ベネフレックス　代表取締役　児玉 正浩

児玉 正浩（こだま まさひろ）

株式会社ベネフレックス代表取締役兼株式会社オールライフ代表取締役。1961年、東京都町田市生まれ。1984年、日本大学商学部を卒業後、大正海上火災保険株式会社（現・三井住友海上火災保険株式会社）に入社。同期研修生130名中、20カ月連続で営業成績トップとなる。1985年、24歳で代理店を立ち上げ、独立。1987年2月、損害保険をメインに取り扱う有限会社オールライフ保険を設立。事業を行う中で、生命保険と損害保険がそれぞれ個別の商品として提供される業界の商慣習に疑問を持ち、真に顧客のためを思うならば、両者がワンストップで提供されるべきと考えるようになる。そこで、生命保険に関する知識・経験を得るため、同年12月、千代田生命保険相互会社（現・ジブラルタ生命保険株式会社）に入社。1999年、生命保険の取り扱いを主事業とする有限会社ベネフレックスを設立。2002年4月、株式会社ベネフレックスおよび株式会社オールライフを設立し、代表取締役に就任。新社会人から高齢者まで、幅広い年齢層の顧客の〝漠然とした不安〟を解消する保険コンサルティングが評判を呼んでいる。MDRT終身会員（17年連続MDRT認定）、TOT、ファイナンシャルプランナー、リスクマネジメント協会認定資格、子育て保険アドバイザー。

劇場型営業

二〇一八年一二月三日 第一刷発行

著　者　児玉正浩
発行人　久保田貴幸
発行元　株式会社 幻冬舎メディアコンサルティング
〒一五一-〇〇五一 東京都渋谷区千駄ヶ谷四-九-七
電話〇三-五四一一-六四四〇（編集）
発売元　株式会社 幻冬舎
〒一五一-〇〇五一 東京都渋谷区千駄ヶ谷四-九-七
電話〇三-五四一一-六二二二（営業）
装　丁　幻冬舎デザインプロ 佐々木博則
印刷・製本　シナノ書籍印刷株式会社

検印廃止

Printed in Japan ISBN978-4-344-92047-7 C2033
幻冬舎メディアコンサルティングHP http://www.gentosha-mc.com/